专业技术人员理论素养与实践能力培训系列教材

专业技术人员
低碳经济与循环经济培训教材

ZHUANYE JISHU RENYUAN DITAN JINGJI YU
XUNHUAN JINGJI PEIXUN JIAOCAI

◇本书编写组 编著

国家行政学院出版社

图书在版编目(CIP)数据

专业技术人员低碳经济与循环经济培训教材/《专业技术人员低碳经济与循环经济培训教材》编写组编著. —北京：国家行政学院出版社，2015.1
ISBN 978-7-5150-1356-5

Ⅰ.①专… Ⅱ.①专… Ⅲ.①节能－经济发展－中国－教材 ②自然资源－资源利用－中国－教材 Ⅳ.①F124

中国版本图书馆 CIP 数据核字(2014)第 285544 号

书　　名	专业技术人员低碳经济与循环经济培训教材
作　　者	本书编写组
责任编辑	李石华　何伟华
出版发行	国家行政学院出版社
	（北京海淀区长春桥路6号　100089）
	（010)68920640　68929037
	http://cbs.nsa.gov.cn
经　　销	新华书店
印　　刷	北京永顺兴望印刷厂
版　　次	2015年1月北京第1版
印　　次	2015年1月北京第1次印刷
开　　本	710mm×1000mm　16开
印　　张	11
字　　数	160千字
书　　号	ISBN 978-7-5150-1356-5
定　　价	29.80元

本书如有印装质量问题，可随时调换，联系电话(010)84254239

目 录
CONTENTS

第一章　低碳经济概论

第一节　低碳经济的涵义 …………………………………………… 1
第二节　低碳经济的发展历程 ……………………………………… 4
第三节　发展低碳经济的途径 ……………………………………… 7
第四节　中国低碳经济发展的路径选择 …………………………… 9
【典型案例】………………………………………………………… 13
　　贵州:低碳经济正成新一轮增长点 …………………………… 13
【思考与探索】……………………………………………………… 15

第二章　低碳经济发展机制构建

第一节　构建低碳发展的政策导向机制 …………………………… 16
第二节　建立低碳产品认证体系 …………………………………… 20
第三节　构建生态环境补偿机制 …………………………………… 22
第四节　构建碳排放约束机制 ……………………………………… 25
第五节　设立碳产品税制 …………………………………………… 28
【典型案例】………………………………………………………… 32
　　福建:交行福建省分行构建"绿色信贷"机制支持低碳经济 …… 32

【思考与探索】………………………………………………………………… 32

第三章　低碳城市发展模式

第一节　低碳城市管理创新……………………………………………… 33
第二节　低碳城市建设要因地制宜……………………………………… 37
第三节　低碳城市与经济转型…………………………………………… 39
第四节　中国低碳城市建设的主要做法………………………………… 43
第五节　国外低碳城市建设实践………………………………………… 49
【典型案例】………………………………………………………………… 56
　　河南：低碳让南阳城市更清新宜居………………………………… 56
【思考与探索】……………………………………………………………… 57

第四章　节能减排与绿色消费

第一节　科技推进节能减排……………………………………………… 58
第二节　提升节能减排效率的方略……………………………………… 60
第三节　积极参与防治PM2.5…………………………………………… 63
第四节　雾霾的治本之策是能源革命…………………………………… 66
第五节　绿色消费的涵义………………………………………………… 68
第六节　建立绿色消费模式……………………………………………… 71
【典型案例】………………………………………………………………… 73
　　陕西：精细管理 节能减排 大唐芙蓉园引领绿色旅游…………… 73
【思考与探索】……………………………………………………………… 74

第五章　循环经济概论

第一节　循环经济的涵义………………………………………………… 75
第二节　发展循环经济的着力点………………………………………… 79

第三节　健全循环经济评价和考核制度……………………… 81
第四节　循环经济发展的空间分布差异与优化策略……………… 83
【典型案例】…………………………………………………… 87
　　内蒙古:建百亿循环经济园 探索绿色草原工业化……………… 87
【思考与探索】………………………………………………… 90

第六章　农业循环经济

第一节　积极发展农业循环经济…………………………………… 91
第二节　发展农业循环经济的方略………………………………… 94
第三节　循环农业是现代农业的重要内容………………………… 97
第四节　生态农业的主要类型及典型模式………………………… 99
【典型案例】…………………………………………………… 102
　　云南:曲靖市麒麟区建农业循环经济示范园…………………… 102
【思考与探索】………………………………………………… 103

第七章　工业循环经济

第一节　循环经济在新型工作化发展中的重要作用……………… 104
第二节　生态工业园建设模式……………………………………… 107
第三节　生态工业园评价指标体系………………………………… 110
第四节　国内外生态工业园典型模式……………………………… 113
【典型案例】…………………………………………………… 120
　　河北:循环经济 托起曹妃甸新型工业化基地………………… 120
【思考与探索】………………………………………………… 122

第八章　服务业循环经济

第一节　现代服务业概述…………………………………………… 123

— 3 —

第二节　大力发展生态旅游 …………………………………… 126
第三节　循环物流的涵义 ……………………………………… 131
第四节　服务业循环经济的发展方向 ………………………… 136
【典型案例】 …………………………………………………… 139
　　甘肃:平凉打造循环经济示范区 带动循环型服务业 ……… 139
【思考与探索】 ………………………………………………… 141

附录一　中华人民共和国循环经济促进法 …………………… 142
附录二　中华人民共和国节约能源法 ………………………… 154

第一章 低碳经济概论

当前中国碳排放量居世界前列,中国经济的高速增长主要靠资源投入和能源消耗推动,是一种比较典型的高碳经济模式。《中国低碳经济发展报告2014》中提出,未来我国低碳经济发展的趋势是从政府主导型向市场导向型转变。利用市场机制大力推进低碳产业的发展、逐步将国内碳排放交易市场与国际碳排放交易市场接轨、把碳减排与环境保护结合起来综合治理,是解决目前我国碳排放量高、能源利用率低、生态环境恶化的有效方法。这就要求相关专业技术人员要深入学习发展低碳经济的有效方法,培养低碳意识、环保意识,各行业共同打造绿色低碳城市。

第一节 低碳经济的涵义

低碳经济是指在可持续发展理念指导下,通过技术创新、制度创新、产业转型、新能源开发等多种手段,尽可能地减少煤炭石油等高碳能源消耗,减少温室气体排放,达到经济社会发展与生态环境保护双赢的一种经济发展形态。

一、低碳经济产生的背景

人类社会伴随着生物质能、风能、太阳能、水能、地热能、化石能、核能等的开发和利用,逐步从原始社会的农业文明走向现代化的工业文明。然而随着全球人口数量的上升和经济规模的不断增长,化石能源等常规能源的使用造成的环境问题及后果不断地为人们所认识,随着废气污染、光化学烟雾、水污染和酸雨等的危害,以及大气中二氧化碳浓度升高将带来的全球气候变化,已被确认为人类破坏自然环境、不健康的生产生活方式和常规能源的利用所带来的严重后果。

在此背景下,"碳足迹"、"低碳经济"、"低碳技术"、"低碳发展"、"低碳生活方式"、"低碳社会"、"低碳城市"、"低碳世界"等一系列新概念、新政策应运而生。新时期的专业技术人员应该深入学习应用21世纪的创新技术与创新机制,摒弃20世纪及以前的传统增长模式,通过低碳经济模式与生活方式,实现社会可持续发展。

二、低碳经济产生与发展的决定因素

低碳经济相对于农业经济、工业经济来说,它是一种经济形态,主要特征表现在两个方面:一是碳生产率即每单位碳排放所创造的GDP或附加值比较高;二是社会人文发展水平、生活质量比较高。

(一)低碳经济受人类社会发展阶段的影响

农业社会基本都是自给自足的生产,很少有商品能源的消费,也很少有碳排放,尽管社会产出并不高,但相对于无穷小的碳排放,表现出的碳生产率非常高。但这并不是我们所理想的低碳经济状态,因为其社会发展水平很低。到工业化的初期阶段,劳动力相对密集,社会发展水平和人们生活质量有所提高。在这个阶段,虽然商品能源的消费仍然较低,但碳生产率相对于农业社会已经下降了很多,也还不是低碳经济。今天的中国正处在资本密集型工业化阶段,居民生活质量有了很大改善,但由于能源密集度高的基础设施、居民住房和高耗能的耐用消费品如汽车的投入和消费增长快、规模大,因而碳排放非常高,相对来说碳生产率较低,这也不是低碳经济。只有到了更高级的知识密集型工业化阶段,整个产业结构中服务业的比重超过第二产业(工业),人文发展水平、碳生产率都非常高,才进入低碳经济的形态。

(二)技术进步对低碳经济发展的影响

碳生产率是由技术水平决定的。比如生产一吨钢,中国在20年前要用1.3—1.4吨标煤,现在才不到0.7吨标煤。再比如说建筑节能,以北京为例,过去很多建筑是木窗户,后来是钢窗户,再后来是单层玻璃的铝合金,现在是双层的断桥铝,房屋外面加了节能层,建筑节能水平提高了很多。发电技术方面,十几二十年前,发一度电至少要 400 克标煤;现在中国的平均水平大约 330 克标煤,最先进的超临界发电机组只要 290 克标煤。

(三)能源结构对低碳经济发展的影响

二氧化碳主要是在化石能源消费过程中产生的。化石能源指含碳的煤炭、石油、天然气,这三种能源消费得越多,则碳排放量越高。在当前的技术经济条件下,商品能源中化石能源的市场成本最低,其在能源结构中的比例越高,发展的成本就越低。这就涉及到一个资源禀赋问题。资源禀赋包括两个方面:一是人文资源禀赋,即知识和资本。像法国,在发展核电上有其技术、资本优势,核电在其整个电力结构中占的比例超过了 2/3,除了自己消费,还卖到德国、瑞士、意大利等国。二是自然资源禀赋。如零碳能源方面,像北欧的挪威、瑞典,它们水资源丰富,水电占 70%、80%;南美的巴西也是如此。风力发电方面,一般来说,年有效风力小时数达到 2300 小时,风力发电才算经济可行,而中国一般在 1900 小时左右。含碳能源也存在资源禀赋问题。在煤炭、石油、天然气中,煤的含碳量最高,每吨标煤含碳量是 0.68 吨,排放 2.5 吨二氧化碳;一吨标煤热量的石油含碳量大概是 0.5—0.6 吨,排放约 1.9 吨二氧化碳;而一吨标煤热量的天然气只排放 1.4 吨二氧化碳。由于中国的能源结构以煤炭为主,石油、天然气较匮乏,这就限制了我们的能源利用。自然资源禀赋还涉及到森林覆盖率问题,因为在自然状态下,森林可以吸收并储存二氧化碳,将其固定在植被或土壤中。在平衡状态,森林吸收和释放二氧化碳大致相等,因而从原则上讲,绿色植物属于碳中性。森林覆盖率越高,碳汇能力就越强。

(四)消费者行为对低碳经济的影响

没有人的消费,就没有碳的排放。美国的生活质量、收入水平与欧洲国家差不多,但美国的人均碳排放比欧洲要高出一倍。为什么有这么大差距?因为美国是高消费、高排放的浪费型生活模式:建筑节能标准还没有中国高;几乎没有公共交通,全是私人汽车;夏天房间里温度调到 18 摄氏度,冬天调到 25 摄氏度;喝水是把冰倒满之后加一点水。而欧洲的公共交通很发达,建筑节能标准也非常高。生活方式不改变,碳排放就降不下来,所以消费者行为非常关键。

三、低碳经济给中国带来的挑战

1. 工业化、城市化、现代化加快推进的中国,正处在能源需求快速增长阶段,大规模基础设施建设不可能停止;长期贫穷落后的中国,以全面小康为追求,致力于改善和提高13亿人民的生活水平和生活质量,带来能源消费的持续增长。"高碳"特征突出的"发展排放",成为中国可持续发展的一大制约。怎样既确保人民生活水平不断提升,又不重复西方发达国家以牺牲环境为代价谋发展的老路,是中国必须面对的难题。

2. "富煤、少气、缺油"的资源条件,决定了中国能源结构以煤为主,低碳能源资源的选择有限。电力中,水电占比只有20%左右,火电占比达77%以上,"高碳"占绝对的统治地位。据计算,每燃烧一吨煤炭会产生4.12吨的二氧化碳气体,比石油和天然气每吨多30%和70%,而据估算,未来20年中国能源部门电力投资将达1.8万亿美元。火电的大规模发展对环境的威胁,不可忽视。

3. 中国经济的主体是第二产业,这决定了能源消费的主要部门是工业,而工业生产技术水平落后,又加重了中国经济的高碳特征。

4. 作为发展中国家,中国经济由"高碳"向"低碳"转变的最大制约,是整体科技水平落后,技术研发能力有限。尽管《联合国气候变化框架公约》规定,发达国家有义务向发展中国家提供技术转让,但实际情况与之相去甚远,中国不得不主要依靠商业渠道引进。

第二节 低碳经济的发展历程

"低碳经济"最早见诸于政府文件是在2003年的英国能源白皮书《我们能源的未来:创建低碳经济》。2006年,前世界银行首席经济学家尼古拉斯·斯特恩牵头做出的《斯特恩报告》指出,全球以每年GDP1%的投入,可以避免将来每年GDP5%—20%的损失,呼吁全球向低碳经济转型。

2006年底,中国科技部、中国气象局、国家发改委、国家环保总局等六部委联合发布了我国第一部《气候变化国家评估报告》。

2007年6月,中国正式发布了《中国应对气候变化国家方案》。

2007年7月,美国参议院提出了《低碳经济法案》,表明低碳经济的发展道路有望成为美国未来的重要战略选择。

2007年12月3日,联合国气候变化大会在印尼巴厘岛举行,15日正式通过一项决议,决定在2009年前就应对气候变化问题新的安排举行谈判,制订了世人关注的应对气候变化的"巴厘岛路线图"。该"路线图"为2009年前应对气候变化谈判的关键议题确立了明确议程,要求发达国家在2020年前将温室气体减排25%—40%。"巴厘岛路线图"为全球进一步迈向低碳经济起到了积极的作用,具有里程碑的意义。

2007年12月26日,国务院新闻办发表《中国的能源状况与政策》白皮书,着重提出能源多元化发展,并将可再生能源发展正式列为国家能源发展战略的重要组成部分。不再提以煤炭为主。

2008年1月28日,WWF(世界自然基金会)正式启动"中国低碳城市发展项目",以推动城市发展模式的转型,保定和上海是首批入选的2个试点城市。根据WWF和保定签订的《合作备忘录》,在"新能源产业带动城市低碳发展"的原则下,双方的合作将重点集中在:新能源产业及低碳经济发展方面先进理念和经验的引入;保定市成功经验的国内外推广;保定市新能源产业发展的能力建设。WWF将通过项目促进保定可再生能源及能效产品的出口和应用,对项目进行国内外宣传和推广,并为项目提供部分资金支持。保定市政府则将为项目提供相应的配套资金和人力物力,以确保项目顺利实施。

2008年6月,清华大学在国内率先正式成立低碳经济研究院,重点围绕低碳经济、政策及战略开展系统和深入的研究,为中国及全球经济和社会可持续发展出谋划策。

中国社会科学院6月在北京发布的《城市蓝皮书:中国城市发展报告(NO.2)》指出,在全球气候变化的大背景下,发展低碳经济正在成为各级部门决策者的共识。节能减排,促进低碳经济发展,既是救治全球气候变暖的关键性方案,也是践行科学发展观的重要手段。

2008年6月,联合国环境规划署确定"世界环境日"(6月5日)的主题为"转变传统观念,推行低碳经济"。

2008年7月,日本北海道G8峰会上八国表示将寻求与《联合国气候变化框架公约》的其他签约方一道共同达成到2050年把全球温室气体排放减少50%的长期目标。

2009年3月中科院发布的《2009中国可持续发展战略报告》提出了中国发展低碳经济的战略目标,即到2020年,单位GDP的二氧化碳排放降低50%左右。

2010年3月,生态环保、可持续发展成为两会的主题,全国政协"一号提案"内容就是谈低碳环保。

2010年4月,当各大国际会议开始关注地球"健康"、探索绿色经济、低碳经济,当"地球一小时"吸引越来越多的世界城市参与,4月22日第41个"世界地球日"的到来,又一次唤起了人们爱护地球母亲的拳拳之心。

2011年5月23日,英国副首相尼克·克雷格宣布,英国绿色投资银行将从2012年4月起发放针对低碳能源项目的贷款,比原计划提早一年。银行将优先考虑海上风电、垃圾发电和非住宅节能项目。预计未来4年,该银行将向低碳产业注入150亿英镑的资金。据了解,这是世界上首家专门为低碳项目融资的国家银行,主要目的是为实现英国向低碳经济转型。资料显示,英国要完成2020年在1990年基础上减排34%的目标,需要投资2000亿英镑(约合3240亿美元)发展清洁技术。他表示,银行有权在资本市场借款,即从2015年4月起银行可向私营部门借款。而早前财政部主张绿色投资银行只能接受财政拨款。

2011年5月,美国政府出台了2012—2016车型年乘用车温室气体和燃油经济性标准。该标准提出,统一平均燃油经济指标为54.5mpg(每加仑行驶的英里数),约为4.35升/百公里,相当于降低40%的燃油消耗及50%的碳排放;自2017至2025年,小型汽车每年提高5%燃油效率。8月,美国政府出台了首个重型车辆温室气体和燃油经济性法规(车型年2014—2018),这一法规规定,与2010年基准相比,到2017年长途拖车卡车二氧化碳排放量要减少9%—27%。按照上述美国车辆新标准,到2030年,美国将减少温室气体排放 7.7 亿吨二氧化碳当量,相当于关闭 190 多座燃煤发电站或者目前美国 40% 的燃煤发电站,每年可节约 650 亿加仑汽油,在汽车使用周期内大约能净节省 3500 亿美元。

2012 年 12 月,中央"八项规定"大力倡导勤俭节约,掀起全社会节约办事、低碳消费之风。

2013 年 1 月 1 日,国务院办公厅以国办发〔2013〕1 号转发国家发展改革委、住房城乡建设部制订的《绿色建筑行动方案》。该《行动方案》充分认识开展绿色建筑行动的重要意义,指导思想、主要目标和基本原则,重点任务,保障措施 4 部分。重点任务是:切实抓好新建建筑节能工作,大力推进既有建筑节能改造,开展城镇供热系统改造,推进可再生能源建筑规模化应用,加强公共建筑节能管理,加快绿色建筑相关技术研发推广,大力发展绿色建材,推动建筑工业化,严格建筑拆除管理程序,推进建筑废弃物资源化利用。

2013 年 3 月 5 日在第十二届全国人民代表大会第一次会议上的政府工作报告指出:"要坚持节约资源和保护环境的基本国策,着力推进绿色发展、循环发展、低碳发展。大力推进能源资源节约和循环利用,重点抓好工业、交通、建筑、公共机构等领域节能,控制能源消费总量,降低能耗、物耗和二氧化碳排放强度。"

2013 年 4 月 8 日,习近平同志在海南博鳌与参加博鳌亚洲论坛 2013 年年会的企业家代表座谈时说,中国将把推动发展的着力点转到提高质量和效益上来,下大力气推进绿色发展、循环发展、低碳发展。

第三节 发展低碳经济的途径

低碳经济不仅意味着制造业要加快淘汰高能耗、高污染的落后生产能力,推进节能减排的科技创新,而且意味着引导公众反思哪些习以为常的消费模式和生活方式是浪费能源、增排污染的不良嗜好,从而充分发掘服务业和消费生活领域节能减排的巨大潜力。

一、戒除以高耗能源为代价的"便利消费"嗜好

转向低碳经济、低碳生活方式的重要途径之一,是戒除以高耗能源为代

价的"便利消费"嗜好。"便利"是现代商业营销和消费生活中流行的价值观。不少便利消费方式在人们不经意中浪费着巨大的能源。比如,据制冷技术专家估算,超市电耗70%用于冷柜,而敞开式冷柜电耗比玻璃门冰柜高出20%。由此推算,一家中型超市敞开式冷柜一年多耗约4.8万度电,相当于多耗约19吨标煤,多排放约48吨二氧化碳,多耗约19万升净水。如果大中型超市普遍采用玻璃门冰柜,顾客购物时只需举手之劳,一年可节电约4521万度,相当于节省约1.8万吨标煤,减排约4.5万吨二氧化碳。

二、以"关联型节能环保意识"戒除使用"一次性"用品的消费嗜好

转向低碳经济、低碳生活方式的重要途径之二,是以"关联型节能环保意识"戒除使用"一次性"用品的消费嗜好。例如,2008年6月全国开始实施的"限塑令"。无节制地使用塑料袋,是多年来人们盛行便利消费最典型的嗜好之一。要使戒除这一嗜好成为人们的自觉行为,单让公众理解"限塑"意义在于遏制白色污染,这只是"单维型"环保科普意识。其实"限塑"的意义还在于节约塑料的来源——石油资源、减排二氧化碳。这是一种"关联型"节能环保意识。据我国科技部《全民节能减排手册》计算,全国减少10%的塑料袋,可节省生产塑料袋的能耗约1.2万吨标煤,减排31万吨二氧化碳。关联型环保意识不仅能引导公众明白"限塑就是节油节能",也引导公众觉悟到"节水也是节能"(即节约城市制水、供水的电能耗),觉悟到改变使用"一次性"用品的消费嗜好与节能、减少碳排放、应对气候变化的关系。

三、戒除以大量消耗能源、大量排放温室气体为代价的"面子消费"、"奢侈消费"的嗜好

转向低碳经济、低碳生活方式的重要途径之三,是戒除以大量消耗能源、大量排放温室气体为代价的"面子消费"、"奢侈消费"的嗜好。近些年来,全国车市销量增长最快的是豪华车、大排量进口车、大排量多功能运动车SUV。与此相对照,不少发达国家都愿意使用小型汽车、小排量汽车。提倡低碳生活方式,并不一概反对小汽车进入家庭,而是提倡有节制地使用私家车。日本私家车普及率达80%,但出行并不完全依赖私家车。在东京地区私家车一般年行使3000—5000公里,而上海私家车一般年行使1.8万公里。

国内人们无节制地使用私家车成了炫耀型消费生活的嗜好。有些城市的重点学校门口,接送孩子的一二百辆私家车将周围道路堵得水泄不通。由于人们将"现代化生活方式"含义片面理解为"更多地享受电气化、自动化提供的便利",导致了日常生活越来越依赖于高能耗的动力技术系统,往往几百米的短程或几层楼的阶梯,都要靠机动车和电梯代步。另一方面,人们的膳食越来越多地消费以多耗能源、多排温室气体为代价生产的畜禽肉类、油脂等高热量食物,肥胖发病率也随之升高。而城市中一些减肥群体又嗜好在耗费电力的人工环境,如空调健身房、电动跑步机等进行瘦身消费,其环境代价是增排温室气体。

我们要实现宏大的节能降耗战略,或许要取决于很多细微之处。我们应看到,这"细微之处"不仅是制造业、建筑业中许多节能技术改进的细节,也包括日常生活习惯中许多节能细节。对于世界第一人口大国来说,每个人生活习惯中浪费能源和碳排放的数量看似微小,一旦以众多人口乘数计算,就是巨大的数量。

科技工作者和社会科学工作者都有责任从日常生活的方方面面向公众开展低碳经济、低碳生活的创意活动和普及工作,使党中央提出的"节能减排","建设资源节约型、环境友好型社会","加强应对气候变化能力建设,为保护全球气候做出新贡献"的科学发展决策,变为全民的实际行动。发展低碳经济,是中国的"世界公民"责任担当,也是中国可持续发展,转变经济发展模式的难得机遇。推行低碳经济,需要政府主导,包括制定指导长远战略,出台鼓励科技创新、节能减排、可再生能源使用的政策,减免税收、财政补贴、政府采购、绿色信贷等措施,来引领和助推低碳经济发展;但也需要我们的专业技术人员认清方向自觉跟进,促进低碳经济发展的"集体行动"。只有更多行业和相关人员改变目前的被动状态,自觉跟进低碳经济的发展步伐时,中国向低碳经济转换才有现实的基础和未来的希望。

第四节 中国低碳经济发展的路径选择

低碳经济本来只是一个技术经济问题,但由于世界各国发展不均衡,目前已演变为政治问题。发展低碳经济要早做准备,在低碳经济国际新规则的制定过程中拥有话语权、掌握话语权,为全面建成小康社会营造宽松的外部环境。

一、要加快构建和形成发展低碳经济的国家战略框架、社会行动体系和规划体系

从中国实际情况看,面对日益严峻的能源和环境约束,为避免经济建设和能源基础设施建设在其生命周期内的锁定效应,必须高度重视向低碳经济转型。因此,有必要把低碳经济的发展模式纳入国家发展战略视野,从前瞻、长远和全局的角度,部署低碳经济的发展思路,在产业结构调整、区域布局、技术进步和基础设施建设等方面,为向低碳经济转型创造条件。低碳经济虽然在中国还是新生事物,但是建设"低碳中国"是战略选择和长远目标。

建设"低碳中国",应向社会大众表明政府联合全社会一起实现低排放或零排放的决心和勇气。在中国发展低碳经济,国家和政府应该反应敏捷,超前认识,超前谋划,积极应对,行动适时,特别是对发展低碳经济应建立长效机制和科学的制度安排,使中国在国家层面、企业层面、社会层面和公众层面上,实现经济活动低碳化、低碳活动企业化、低碳技术创新化、低碳模式制度化、低碳参与公众化、低碳体制社会化、低碳合作国际化、低碳文明生态化。

要制定规划,不断提高社会生产和生活活动的碳生产率:①将低碳经济纳入国民经济和社会发展规划,进行总体安排部署;②将低碳技术研发纳入国家科技规划和相关科技计划;③制定专项规划,提出低碳经济的概念、目标、重点和保障措施等,提出低碳经济的统计和考核指标,并作为国民经济规划中的引导指标;④制定重点行业和部门的低碳发展规划,向低碳转型。

二、构建"低碳经济试点区",探寻发展低碳经济的具体途径

在全国建立一批低碳社会实践区、低碳产业实践区、低碳经济区、低碳城市实践区。积极争取世界自然基金会等国际组织扩大中国低碳城市试点。各省市可以建设起若干低碳社区、低碳商业区和低碳产业园区等低碳发展综合实践区,以促进低碳技术的应用,带动低碳经济的发展,为在全国建设低碳社会、低碳城市探索新的发展模式。低碳产业可以在电力、交通、建筑、冶金、

化工、石化等能耗高、污染重行业先行试点,选择作为中国探索低碳经济发展的重点领域。同时,积极构建"低碳经济发展区",在东部发达地区和国家重点能源基地,选定典型城市进行试验试点,寻求中国的低碳经济发展之路。

三、加强金融对低碳经济的支持,积极发展碳金融市场

碳金融是指服务于旨在减少温室气体排放的各种金融制度安排和金融交易活动,主要包括碳排放权及其衍生品的交易和投资、低碳项目开发的投融资以及其他相关的金融中介活动。碳金融是金融体系应对气候变化的重要机制创新。发展碳金融不仅有利于中国降低减排成本、促进清洁能源发展和减缓碳风险,拓展金融创新的领域,同时也是推动中国经济向低碳经济转型的重要政策工具。

温室气体减排量全球交易逐渐形成了一个特殊的碳金融市场(包括直接投融资、碳指标交易、银行贷款)。碳金融市场面临这样的形势:金融机构迫切需要开发关于碳排放权的商品并提高金融服务水平,而排放权的实际需求方——温室气体排放量大的企业为减少今后的减排费用也应从现在起筹建各类减排资产项目组合。目前全球已经有四个交易所专门从事碳金融的交易,很多知名金融机构活跃在这些市场上。

作为全球最大碳排放国,中国碳排放市场备受瞩目。中国碳金融市场的发展前景十分广阔,预示着巨大的金融需求和盈利商机。因此,要把碳金融发展纳入到国家气候变化、减灾和可持续发展政策框架,使碳金融成为节能减排的主要政策工具。要建立和完善气候变化的数据库和碳风险评价标准,健全碳交易监管和法律框架,提高中国在国际碳交易中的定价权,为碳金融发展创造稳定的政策环境。要尽快建立碳交易市场,发挥市场机制在减排上的基础作用。利用期货交易所、产权交易所在专业服务能力、市场基础设施、交易结算系统上的互补性,开展碳交易和气候衍生品交易,降低交易成本,提高交易的透明度和流动性,实现交易的规模效应。要建立为碳管理服务和低碳技术投资的碳基金,支持节能减排企业和环保项目发行债券,建立清洁能源、生态环保等产业投资基金,开发绿色建筑、节能和可再生能源、环保汽车等信贷业务和保险产品。通过协同银行、保险机构以及机构投资者等机构,共同努力,实现碳掉期交易、碳证券、碳期货、碳基金等各种碳金融衍生品的金融创新。

四、加强国际合作与交流,共同应对气候变化

在气候变化国际谈判中,中国既要秉承一贯的原则立场,又要用好国际社会已达成的公约和文件精神,对可持续发展、共同但有差别责任原则等要坚持且不能让步,姿态要积极但不能冒进,行动要主动而不能盲从,策略要灵活又与时俱进。中国应当主张,发达国家必须强制减排,发展中国家自愿减排的成本必须由历史上过度排放的工业化国家承担,以树立负责任的发展中大国形象。对于气候变化这个全球最大的公共物品,单靠一个国家是无法完成减碳任务的。

国外在低碳社区、低碳城市等领域有很多先进经验,我们完全可以借鉴,开展国际合作。中国要积极参与全球应对气候变化体系中来,参与全世界的碳市场,促进碳交易机制在中国的发展。应加强与发达国家的技术交流合作,引进消化先进的节能技术、提高能效的技术和可再生能源技术,特别是要加强与欧盟、美国低碳合作。积极探索与西方国家之间,企业之间,学术、研究、管理、培训机构之间,以及其他非政府组织和协会之间的合作伙伴关系,为环境的可持续发展探索新的合作模式,开展具体项目技术合作、经验交流及能力建设等形式的合作活动。通过气候变化国际合作的新机制,引进、消化、吸收先进适用的低碳技术;参与制定行业能效与碳强度的国际标准、标杆;使中国重点行业、重点领域的低碳技术、设备和产品达到国际先进乃至领先水平。

总之,中国能否在未来几十年里走到世界发展的前列,很大程度上取决于中国应对低碳经济发展调整的能力,中国必须尽快采取行动积极应对这种严峻的挑战。中国走低碳经济的道路,既符合当前经济社会可持续发展的要求,也符合全球气候环境合作的要求。中国应该积极应对低碳经济,建立与低碳发展相适应的生产方式、消费模式和鼓励低碳发展的国际国内政策、法律体系和市场机制,最终实现由"高碳"时代到"低碳"时代的跨越,真正实现中国经济社会、人与自然和谐发展。

 **典型案例**

贵州：低碳经济正成新一轮增长点

一个时期以来，面对全球气候变暖对生态系统和人类生存环境造成的严重威胁，低碳经济正成为新一轮国际经济的增长点和竞争焦点。相应地，由高碳燃料转向低碳燃料，由高污染能源转向清洁能源，成为全世界能源结构调整的发展方向。在这种情况下，与石油、煤炭并列成为当今世界三大能源支柱的天然气，近几十年来在全世界得到迅猛发展，在世界一次能源消费中的比重快速上升。在这能源更新的时代中，贵州适逢其会，2008 年液化天然气进入贵州，2014 年 1 月 27 日管道天然气进入贵州，天然气正在不知不觉中改变着贵阳人生活的方方面面。为迎接生态文明贵阳国际论坛 2014 年年会的召开，贵州燃气集团近日组织到贵阳卷烟厂，加气站，居民家中，亲身体验天然气对贵阳人带来的变化。

天然气助阵工业环保

一行来到位于经开区小孟工业园的贵州中烟工业有限责任公司贵阳卷烟厂，干净整洁的烟厂新园区内，绿树垂柳池塘，整齐干净的小道，无不展示着厂区崭新面貌。这与与此前花香村的老烟厂完全是两种模样。

据烟厂生产管理科节能降耗办主办徐加介绍，原先老厂环境总是灰扑扑的，那时主要用原煤做动力燃料，尽管采取了脱硫降尘措施，排放废气也达到标准，但仍然承受着巨大的环境压力。2010 年，烟厂搬迁到经开区，从欧洲进口了 5 台 20 吨的燃气锅炉，改用天然气作动力原料，环保问题才真正解决。"天然气是清洁能源，没有二氧化硫、粉尘、煤灰等排放问题，燃值也比原煤高。虽然价格比原煤贵，但是成功达到零排放，环境效益、社会效益、能耗综合效益都大大提高了。""我们一直致力于优化能源使用模式，不断引进新技术对设备进行改造。"徐加介绍，2009 年，老烟厂使用原煤时的综合能耗为 28.91 公斤标煤/箱，2013 年新厂使用天然气的综合能耗为 14.89 公斤标煤/箱，天然气在整个动力供应系统中占比高达 65%；2009 年，老烟厂二氧化硫排放总量为 403 吨，2013 年新厂仅为 1.5 吨，降幅达 99.62%。

在徐主任的带领下，来到存放燃气锅炉的车间，走进车间只觉得温度比外面高一些,三车间工作人员称,要是像以往烧煤,哪怕是大冬天只要一进车间就热得受不了,改用天然气后,清洁生产利用率就从以前烧煤的8.86%上升到现在的100%,燃气锅炉令当下的生态环境有很大改善,味道也不呛人,数据统计出每小时单台产蒸汽量可达额定量20吨。和天然气的易于掌控比起来,烧煤受外界影响更大,更加容易令锅炉结焦。

天然气改变交通生活

来到位于小河一家加气站内,几辆出租车正排对准备为汽车加天然气。刚加完气的杜孟义师傅称,他刚使用双燃料汽车才几天,最直观的感受就是省钱,比起以前烧油,现在烧气一个班就能省下60多块,一天能省下60块,相当的划算。另一位刘坤师傅使用双燃料汽车已有接近四个月的时间,他掰着指头给算账,他一月前加的油基本没用,全部只用天然气,跑220公里只要80块,一个月下来压力变小很多,而且天然气环保,烧起来没有废气。

据了解,管道天然气的使用,可满足全省2万多辆公交出租车辆及市政车辆、城际客运车辆、重型卡车、部分民用车辆的油气需求,根治汽车尾气这个空气头号杀手,并降低车辆运行成本和百姓乘车费用。机动船舶大规模改用天然气为动力,可大幅度降低空气和水质污染,改善各河流水域、水库生态环境。预计到2017年,全省机动车、船天然气用量达7亿立方米,PM2.5值进一步下降。天然气将在交通领域扮演绿色出行的重要角色。目前,贵州燃气集团等单位在全省已经完成5000辆公交车、3000辆出租车、300辆社会私家车辆的油改气工作,如果按照每辆公交车日行驶200公里、出租车日行使400公里,年运行天数350天计算,每年可减少排放一氧化碳2.6万吨、二氧化碳11.28万吨、碳氢化合物858.2吨、氮氧化合物1716.44吨。双燃料汽车在行驶中,压缩天然气与普通汽油可随意切换。其中压缩天然气储气罐卧放在后备厢内,重大约40公斤,体积大小与普通液化气钢瓶相近,里面储藏的天然气可以达到15立方米。贵州燃气集团专业人员表示,由于天然气气较轻、密度低易散发等特点,与汽、柴油车相比更具安全性。同时,由于天然气组分简单,易于完全燃烧,加上燃料含碳少、不稀释润滑油,还能够延长发动机使用寿命。经济效益明显1立方米天然气热值相当于1.1至1.3升燃油。目前,贵阳地区93#汽油市场售价为7.97元/升,车用天然气定价为5

元/立方米,按1升汽油使用效果与1立方米天然气相当来计算,每使用1立方米天然气可相应节省燃料费用2.97元,按出租车每日消耗燃油40升计算,使用天然气作为燃料日均节省燃料费用为120元,每年按运行350天计算,一辆出租车年均节省燃料费用约为4.2万元。

天然气走进家庭

2014年5月,居住在贵阳经开区明彩居的李国强家告别了使用煤气的历史,用上了高效清洁的天然气。李国强和社区里的大部分家庭一样,经历了燃烧煤块、罐装液化气、管道煤气到管道天然气的一次次"厨房革命"。谈起社会经济的发展带给自家的改变时李国强说,"与煤气相比,置换成无毒无味的天然气有很多优点,不再担心被煤气味儿呛到的难受劲儿了,家里也从根本上改善了厨房的环境卫生。"李国强称。据了解,贵阳三口之家使用煤气时,一般每月用30立方米上下,月用气支出约40余元;改用天然气后,一般每月用15方左右,月支出也是40余元,两者不相上下,但天然气的热值是煤气的两倍多,做饭烧水更加干净快捷。

为助力生态文明建设,为坚守发展和生态两条底线提供清洁、高效的能源保障,在省委、省政府以及各地政府的重视和支持下,贵州燃气集团天然气入黔工程取得重大进展,全省各大城市天然气接入工程遍地开花并建成供气,贵阳70万居民用户天然气置换全力推进,各地城市输配管网建设、加气站建设、替换燃煤锅炉等项目建设已进入攻坚阶段,天然气惠民工程在助推经济发展、提升人民生活品质、保护环境方面发挥了巨大作用,取得了显著的环保效益、良好的经济效益和社会效益。

(来源:中国投资资讯网 2014年7月9日)

思考与探索

1. 低碳经济产生的背景是什么?
2. "低碳经济"一词最早出现在政府文件中是什么时候?
3. 什么是碳金融?
4. 国外有哪些低碳经济发展的经验可以为我国所吸取?

第二章 低碳经济发展机制构建

低碳经济,本质上是一种全新的制度安排和经济运行方式。专业技术人员在进行低碳经济的相关知识学习时,首先要认识到,发展低碳经济,必须有相应的制度保障体系做支撑。通过制度安排和政策措施的制定和创新,形成长期稳定的引导和激励机制,推动提高能效、节约能源的技术,推动可再生能源技术和温室气体减排技术的创新,以缓解气候变化带来的不利影响。

低碳经济的本质是在市场经济的基础上,我国对发展低碳经济非常重视,实施了很多的政策措施支持低碳经济的发展。在某种程度上讲,低碳经济将会极大地拓展国民经济和社会发展的空间。适应低碳经济发展的要求。专业技术人员应充分认识到制度安排对发展低碳经济的重要性,深刻了解当前支撑低碳经济发展的制度保障体系存在的问题,从而积极构建相应的制度保障体系,以合理的制度安排和有效的管理,引导资源朝着有利于低碳经济发展的方向配置。

第一节 构建低碳发展的政策导向机制

目前,中国已进入能源消费大国和二氧化碳排放大国的行列,迫切要求变革经济模式,走低碳发展道路。而发展低碳经济涉及价值观念转变、生产模式转变、生活方式转变等多个层次,是一场以低能耗、低污染为基础的产业革命。在这场能源技术创新、制度创新和人类生存发展观念的根本性转变的绿色革命中,需要政府通过行使公共权力构建低碳发展的政策体系,避免出现环境污染的"公地悲剧"现象机制,使经济发展对生态环境所产生的压力最小化。为弥补市场对低碳产业资源配置的缺陷,政府应在政策导向上构建低碳产业发展的政策导向机制。

一、构建低碳经济发展意识培养机制

低碳经济转型中最重要的基础因素是人的觉悟,对碳排放的认识和科学态度。节约资源、减少碳排放等环境污染需要每个组织和个人的自觉行动。因此,应构建低碳经济意识培养机制,依托机制来加大气候变化教育与宣传力度,用科学发展观来认识温室气体效应对全球经济社会、生态环境、生存条件的严重威胁,使人们重视环境与气候变化带来的挑战,增强全民低碳经济发展意识。

通过机制帮助企业树立低碳经营理念,树立企业公民理念,承担企业公民社会责任。通过机制发挥学校、媒体组织、政府和其他组织在低碳经济转型教育培训方面的积极有效作用,倡导绿色消费、绿色经营的理念,形成低碳生活方式。通过树立"保护家园、爱护环境"的意识,"谁污染,谁治理"的原则,人人反思污染行为,让环保意识入脑入心,人人从身边做起,从小事做起,养成良好的环保习惯,推进低碳经济发展。

二、构建低碳能源开发机制

发展低碳产业的实质,是建立以煤、石油、天然气等碳基能源的低消耗,包括碳中和、碳封存、碳捕获等技术的密集使用,以及清洁绿色循环能源及原材料的充分利用为基础的可持续发展模式。中国虽然是发展中国家,但目前发电量和能源消耗都非常巨大。因而调整产业结构、优化能源产业、实现能源替换、发展低碳能源体系,是中国发展低碳经济需要迫切解决的主要矛盾。解决这一主要矛盾的途径是政府构建促进新的低碳能源开发机制,促进能源替代和低碳产业发展,鼓励企业以新的低碳能源替代煤炭、石油等石化能源。从目前人类所掌握的技术条件来看,实现能源替代最有可能的产业发展簇群,主要是促进太阳能、核能、风能、地热能和生物质能等清洁能源产业的发展,最终能够从根本上降低人均"碳足迹",并极大缓解人类生产、生活对自然

生态环境的破坏状况,使人类社会彻底摆脱经济增长极限理论对人类现有经济发展模式前景的桎梏。发展低碳能源产业的核心是产业生产力与生态生产力相互融合而不是相互抵消,这需要一系列新兴产业的集成创新。

三、构建低碳产业发展政策导向机制

发展低碳经济是转变经济发展方式,防止气候变暖,保证经济增长和国家安全以及可持续发展的重大战略。国内外形势的发展,需要发挥产业政策具有的战略性、长期性、方向性等特点,构建长期稳定的低碳经济产业政策导向机制。

(一)形成低碳产业政策工作协调机制

促使各级政府和部门以贯彻落实国家低碳产业政策为己任,从各自职能出发,制定履行低碳产业政策的具体措施和工作规范,分解落实责任和目标,实行严格的地方、部门主要领导责任制,齐心协力解决低碳产业政策实施中的重大问题,发挥低碳产业政策在宏观调控和各项经济政策制定的基础作用。

(二)建立依托机制保证产业政策的制定

要在以国家综合经济管理部门为主导的基础上,扩大行业协会和企业的作用,发挥企业家、学者的作用,建立和完善政策审议会一类的机构,提高其权威性,形成官、学、产相结合的低碳产业政策制定体系,保证产业政策真正充分科学地反映低碳产业发展现实和需求。

(三)通过机制保证低碳产业政策的执行

要解决产业政策缺乏必要的法律手段保证问题,完善低碳产业政策执行的行政手段、经济手段、信息手段,提升其影响力度。要制订促进产业结构调整的重点技术改造项目、国债贴息技改项目、国产设备投资抵免企业所得税、进口设备免征关税及进口环节增值税等一系列优惠政策。产业结构调整基金等优惠政策,也应集中用于国家产业政策鼓励发展的低碳产业和项目建设。要集中行政手段,加强监督和责任追究。要集中法律手段,使低碳产业政策的研究制定、颁布、执行、监督检查、处罚等各个环节都有法可依,形成违反低碳产业政策行为责任追究机制。

四、构建低碳技术创新机制

目前,中国的新能源技术与欧洲、美国、日本等发达国家相比,也还有不小差距;混合动力汽车的相关技术,在短时间内还无法达到产业化的水平;在冶金、化工、建筑等领域的节能和提高能效技术,在系统控制方面,还无法达到发达国家的水平。因而,构建低碳技术创新机制,是中国政府面临的重要挑战,它不仅是一个科技、经济一体化过程,同时也是技术进步与应用创新"双螺旋结构"共同作用催生的产物。政府在政策导向上构建以能源技术为中心的技术创新机制,应把握三个基本点:一是要按照系统工程方法把市场、科研、生产、营销各个环节紧密联系起来,形成有利于自主创新的组织制度和组织体系,形成良好的低碳技术创新运行机制,形成有效的人才激励投入机制,发挥人才在低碳技术创新中的关键作用。二是要把电力、交通、建筑、冶金、化工、石化等温室气体排放的重点行业的低碳技术研究开发与应用作为主要支持对象。三是要建立鼓励企业自主研发与应用低碳技术和政府财政支持的多维激励机制,特别是在目前的经济模式转轨时期,政府的税收激励和财政支持更为重要。

五、构建低碳财政税收激励机制

企业和公民是节能降耗发展低碳经济的利益主体,为充分调动企业节能降耗和资源综合利用的积极性,发挥公民在减少碳排放中的生力军作用,要通过财政税收激励措施,大力营造全社会重视节约能源资源、减少碳排放的良好氛围,鼓励和促进市场利益主体节约资源,形成激励和约束机制相结合的低碳财政税收机制。

(一)建立激励与惩罚措施相结合的低碳财税政策体系

运用诸如预算投入、国债投入、财政贴息、财政补助、政府采购、税收优惠等措施,激励各市场主体主动节能。同时,运用与能源相关的税收和收费等措施,增加能源使用的成本,如对大型公共建筑制定能耗和限额标准,并配套实施超定额加价的政策。

(二)建立和完善与节能相关的税收体系

要完善环境税、能源税和碳税机制,通过税收促使生产和消费者节约能源,提高能源利用效率。应构建符合国情的建筑税收体系。如通过固定资产投资方向调节税,对非节能建筑执行非零税率;通过物业税开征,对节能建筑的购买实行物业税减免等;对低能耗及绿色建筑以及规模化、一体化使用可再生能源的单位,适当给予减免所得税等。

(三)切实改变企业经营业绩的考评办法

以低碳财政税收激励机制为依托,把节能降耗、综合利用、碳排放减少、环境保护这些约束性指标列入考核标准,鼓励技术创新和资源节约,在企业生产方式转型中推进低碳经济发展。

(四)完善低碳财政税收激励服务配套机制

支持低碳经济发展的政府财税政策作用的充分发挥,需要相应的、健全的服务机构起媒介和辅助作用。要制定对培育和建立减少碳排放服务市场有利的政策,为低碳服务公司提供融资渠道,激发节能减排服务机构的低碳技术创新和服务动因。发挥低碳财政税收激励机制配套服务机构的政府与市场的桥梁和纽带作用,发挥低碳财政税收激励机制的放大效应。

(五)注重中央与地方的结合

在分级财政的体制框架下,优化中央和地方各自的财政收支范围及其财税手段,明确赋予其各自的职责和任务要求,充分调动中央财政和地方财政的积极性,推进低碳经济转型和低碳示范区的竞争发展。

第二节 建立低碳产品认证体系

所谓低碳产品认证,是以产品为链条,吸引整个社会在生产和消费环节参与到应对气候变化。通过向产品授予低碳标志,从而向社会推进一个以顾客为导向的低碳产品采购和消费模式。以公众的消费选择引导和鼓励企业开发低碳产品技术,向低碳生产模式转变,最终达到减少全球温室气体的效果。正是由于低碳产品认证的这种作用,国外低碳产品认证项目在近几年如雨后春笋,不断涌现,已经有德国、英国、日本、韩国等十几个国家开展低碳产品认证。

中国环境保护部在参考了国外低碳产品认证发展模式的基础上,决定开展低碳产品认证。在中国环境标志框架下,把产品服务归入适当的分类,设置"气候相关"类产品。与每年中国环境标志标准制、修订工作结合,对纳入"气候相关"类的产品技术要求中增加碳排放的限值要求。按照原有中国环境标志认证体系,对通过认证的该类产品授予中国环境标志——低碳产品,以表示该类产品对减少碳排放、保护气候方面的积极作用。

一、低碳产品认证产生的背景

"低碳经济"提出的大背景,是全球气候变暖对人类生存和发展的严峻挑战。随着全球人口和经济规模的不断增长,能源使用带来的环境问题及其诱因不断地为人们所认识,不止是烟雾、光化学烟雾和酸雨等的危害,大气中二氧化碳浓度升高带来的全球气候变化也已被确认为不争的事实。在此背景下,"碳足迹"、"低碳经济"、"低碳技术"、"低碳发展"、"低碳生活方式"、"低碳社会"、"低碳城市"、"低碳世界"等一系列新概念、新政策应运而生。而能源与经济以至价值观实行大变革的结果,可能将为逐步迈向生态文明走出一条新路,即:摈弃20世纪的传统增长模式,直接应用新世纪的创新技术与创新机制,通过低碳经济模式与低碳生活方式,实现社会可持续发展.作为具有广泛社会性的前沿经济理念,低碳经济其实没有约定俗成的定义。低碳经济也涉及广泛的产业领域和管理领域。

二、我国认证认可对低碳发展的支撑

国家认监委在2011年组织开展国家科技支撑计划"碳排放和碳减排认证认可关键技术研究与示范"项目,目前项目已顺利通过科技部验收。项目共研制《工业企业碳排放核查通用规范及指南》等国家标准草案18项(6项已获国家标准委立项),行业标准草案1项(已获住建部立项),国际标准提案1项,《温室气体审定和核查机构要求》等碳排放和碳减排认证认可技术规范文件30份,开发碳排放评价基础数据库1个,典型行业碳排放评价数据库3个,申请国家专利3项,获得软件著作权4项,建立电力、电子、纺织、机械、建筑、建材、水泥、汽车、印刷、造纸等行业的碳排放和碳减排研发及示范基地23家。该项目初步构建了中国碳排放和碳减排评价技术体系,为我国碳排放和碳减排认证认可制度建设提供了科学可靠的技术支撑。

认证认可为低碳领域制度的实施提供支撑。我国政府在气候变化领域内推行了几项重要制度：中国温室气体自愿减排交易制度、碳排放权试点交易制度、重点企事业单位温室气体报告制度。在这几项重要制度的实施过程中，认证认可的技术手段对排放和减排数据的真实性和可靠性的质量保证起到了至关重要的作用。一是中国温室气体自愿减排交易制度。2012年国家发改委颁布了《温室气体自愿减排交易管理暂行办法》，明确规定申请备案的自愿减排项目需经国家主管部门备案的第三方机构审定和核证，并出具审定报告和核证报告。目前国家发改委已经批准3家第三方审定核证机构，已有120多个自愿减排项目进行网上公示。二是碳排放权试点交易制度。2011年国家发改委同意北京市等六省一市推行碳排放权交易试点。7个试点省市参考国内碳排放和碳减排认证认可制度的研究成果，分别建立了第三方核查制度，核查重点排放企业的历史排放和年度排放。目前已培养了约1000名核查员，核查了2000多家企业。三是重点企事业单位温室气体报告制度。2014年国家发展改革委发布了关于开展重点企事业单位温室气体报告工作的通知，要求组织第三方机构对重点排放报告的数据信息进行核查。其报告主体定义为2010年综合能源消费总量达到5000吨标准煤的法人企事业单位，涉及全国范围内约4万家企业。

第三节 构建生态环境补偿机制

生态环境补偿机制是以保护生态环境、促进人与自然和谐为目的，根据生态系统服务价值、生态保护成本、发展机会成本，综合运用行政和市场手段，调整生态环境保护和建设相关各方之间利益关系的环境经济政策。主要针对区域性生态保护和环境污染防治领域，是一项具有经济激励作用、与"污染者付费"原则并存、基于"受益者付费和破坏者付费"原则的环境经济政策。

一、建立生态补偿机制的直接原因

建立生态补偿机制是有利于推动环境保护工作实现从以行政手段为主向综合运用法律、经济、技术和行政手段的转变，有利于推进资源的可持续利用,加快环境友好型社会建设,实现不同地区、不同利益群体的和谐发展。

建立生态补偿机制是落实新时期环保工作任务的迫切要求,党中央、国务院对建立生态补偿机制提出了明确要求,并将其作为加强环境保护的重要内容。《国务院关于落实科学发展观加强环境保护的决定》要求:"要完善生态补偿政策,尽快建立生态补偿机制。中央和地方财政转移支付应考虑生态补偿因素,国家和地方可分别开展生态补偿试点。"国家《节能减排综合性工作方案》也明确要求改进和完善资源开发生态补偿机制,开展跨流域生态补偿试点工作。

为探索建立生态补偿机制,一些地区积极开展工作,研究制定了一些政策,取得了一定成效。但是,生态补偿涉及到复杂的利益关系调整,目前对生态补偿原理性探讨较多,针对具体地区、流域的实践探索较少,尤其是缺乏经过实践检验的生态补偿技术方法与政策体系。因此,有必要通过在重点领域开展试点工作,探索建立生态补偿标准体系,以及生态补偿的资金来源、补偿渠道、补偿方式和保障体系,为全面建立生态补偿机制提供方法和经验。

二、建立生态补偿机制的重点领域

从国情及环境保护实际形势出发,目前我国建立生态补偿机制的重点领域有四个方面,分别为:

自然保护区的生态补偿。要理顺和拓宽自然保护区投入渠道,提高自然保护区规范化建设水平;引导保护区及周边社区居民转变生产生活方式,降低周边社区对自然保护区的压力;全面评价周边地区各类建设项目对自然保护区生态环境破坏或功能区划调整、范围调整带来的生态损失,研究建立自然保护区生态补偿标准体系。

重要生态功能区的生态补偿。推动建立健全重要生态功能区的协调管理与投入机制;建立和完善重要生态功能区的生态环境质量监测、评价体系,加大重要生态功能区内的城乡环境综合整治力度;开展重要生态功能区生态补偿标准核算研究,研究建立重要生态功能区生态补偿标准体系。

矿产资源开发的生态补偿。全面落实矿山环境治理和生态恢复责任,做到"不欠新账、多还旧账";联合有关部门科学评价矿产资源开发环境治理与生态恢复保证金和矿山生态补偿基金的使用状况,研究制定科学的矿产资源开发生态补偿标准体系。

流域水环境保护的生态补偿。各地应当确保出界水质达到考核目标,根据出入境水质状况确定横向补偿标准;搭建有助于建立流域生态补偿机制的政府管理平台,推动建立流域生态保护共建共享机制;加强与有关各方协调,推动建立促进跨行政区的流域水环境保护的专项资金。

三、建立点线面结合的生态环境资源价值补偿机制

在社会主义市场经济条件下,有效保护生态环境必须解决的一个重要问题,就是将生态环境资源供给与需求中产生的两种不同性质的外部效应合理地内部化,使生态环境保护的成本与收益或者生态环境资源享用的收益与成本相一致。建立点、线、面相结合的生态环境资源价值补偿机制,是解决这一问题的一个有效途径。

所谓点、线、面相结合的生态环境资源价值补偿机制,是从企业、流域和区域三个层次相结合的角度讲的。首先,作为"点"层次的企业环境生态资源价值补偿,是指企业必须有偿使用生态环境资源,其从生态环境资源消耗中所得的自身收益应与所造成的社会成本相一致。其次,作为"线"层次的流域生态环境资源价值补偿,是指江河下游地区或下风带地区必须为享受优质的水资源和清洁的空气向水源涵养区和风沙源生态环境保护区付费,实现生态环境资源享用的地区收益与社会总成本相一致。再次,作为"面"层次的区域生态环境资源价值补偿,是指生态环境资源赤字地区对生态资源盈余地区进行补偿,使得生态环境资源在跨区域消耗中得到应有的价值补偿。建立健全这种点、线、面结合的生态环境资源价值补偿机制,有利于解决生态环境保护的成本与收益不匹配问题,从而促进生态环境资源的合理使用。

我国生态环境资源基础与生态环境资源消耗的区域差异非常大。在很多情况下,经济发展水平高的地区跨区域消耗和占用了不发达地区的生态环境资源,经济不发达地区却难以获得相应的价值补偿。这是不符合环境保护的公平原则的。建立点、线、面相结合的生态环境资源价值补偿机制,就是要根据不同地区不同的人口、经济、资源、环境总量来制定不同的发展目标与考核标准,让生态脆弱的地区更多地承担保护生态环境而非经济发展的责任;建立下游地区对上游地区、开发地区对保护地区、受益地区对受损地区、企业

对社会等的生态环境资源价值补偿机制,使生态资源消耗的私人(地区)收益与社会成本相一致,实现经济社会与自然环境协调发展。

第四节 构建碳排放约束机制

遏制气候变暖,减少碳排放,是全人类共同的使命,是每个国家、每个企业和个人责无旁贷的任务。中国政府已向世界承诺,到 2020 年实现单位国内生产总值的二氧化碳排放,比 2005 年下降 40%－45%。但目前中国正处于城市化、工业化快速发展的阶段,实现"碳减排"的目标仍面临着很大的挑战和压力。为保证这一目标的实现,中国应在借鉴国际"碳减排"经验的基础上,构建碳排放的约束机制。

一、碳排放权交易机制是碳排放约束机制的重要组成部分

在中国,为控制大气中二氧化碳等温室气体的排放,应由政府根据国内碳排放的重点行业、重点企业或重点地区,分别制定指令性的碳减排的总体指标和年度应完成的碳减排任务,并由政府的环境管理部门与其签订碳减排协议,违约者应承担生态赔偿责任。

碳排放约束就是政府准许企业在规定标准内进行碳排放,本质上是排放单位或地区所具有的一种权利。碳排放权既然是一种权利,就应该允许权利交易,借鉴国际经验开发开放碳交易市场,这是利用市场机制引领低碳经济发展的一种有效形式。目前国际上碳交易,主要是指两个发达国家之间或多国集团内部的国家之间的碳排放额度的买卖。通过碳交易使那些难以完成削减任务的国家可以花钱从超额完成任务的国家买进超出的额度,以确保在总体上完成碳减排任务。

全球碳交易的形式主要有配额型交易和项目型交易两种。配额型交易是在总量管制下的减排单位之间的交易,项目型交易是指因进行减排项目所产生的减排单位之间的交易。

国际碳交易是在联合履行机制下,通过国与国合作的碳减排计划而产生的交易。根据国际经验,碳交易能够成为市场经济框架下解决污染问题最有

效的方式,因此中国政府在借鉴国际经验的基础上开放全国性的国内碳交易市场,允许国内企业从政府环保部门获得许可的碳排放量进行交易。一方面,可以使那些环保措施好的企业将碳排放量余额卖给一时又无力整改的超排放的企业,使卖方以获得碳减排收益,以此作为碳减排投资或技术研发与应用的回报。另一方面,买方可以将购买的减排额度弥补碳减排指标的不足,以作为对生态损失的补偿。碳交易市场不仅为碳资产的定价和流通创造了条件,也使金融资本与基于绿色技术的实体经济更加紧密地连接起来。同时,通过加强排放指标的度量及市场监督和核查、完善激励约束机制,这种市场化的配额交易制度将有利于调动区域和产业部门的内在积极性,使它们主动地、持续地减少污染物排放,还便于因地制宜,比政府"一刀切"的行政手段更有生命力。

二、碳排放权交易机制的内容

与国内目前存在的排污权交易机制相比,碳排放权交易机制的最大优点是赋予二氧化碳一定的价格,在这一价格以下采取切实可行的措施对节能减排予以经济刺激,以最少的社会成本达到节能减排的目的。这一做法与征收二氧化碳税相比较,不仅能够快速实现节能减排的目标,而且还能获利。另外,如果这一制度能够持续下来,必将会强有力地刺激节能减排的技术开发和技术转让。

建立碳排放权交易机制,必须要设定一个明确的目标。明确的目标有如引导社会长期投资的一个风向标,它对产业部门的技术创新有刺激作用。碳排放总量应该由国家环保部根据环境容量、经济发展情况和减排目标来确定。将排放总量(比如碳排放可折算为国际碳交易市场通行的二氧化碳当量)进行分配。环保部门通过拍卖、招标、无偿分配以及回购和收回等方式进行总量指标分配和调整。初始配额将分配给各省、自治区和直辖市,由地方再分配给排放企业。分配初始配额应考虑地区特征、历史排放、预测排放和部门排放标准等因素。环保部门还应该动态地对排放配额重新审核认定,以便根据环保总量目标的落实情况和市场情况及时调整配额数量。排污单位之间的总量调整在环保行政主管部门指导下,采用公开交易的方式进行。

通常来说,碳排放权交易种类有:一是基于配额的购买交易。买家在"限量与贸易"体制下购买由管理者制定、分配(或拍卖)的减排配额,如《京都议定书》下的配额,或者欧盟排放交易体系下的欧盟配额。二是基于项目的交易。买主向可证实减低温室气体排放的项目购买减排额。最典型的此类交易为CDM(清洁发展机制)以及联合履行机制下分别产生核证减排量和减排单位。用来交易的碳排放配额必须是企业通过技术进步而在初始分配范围内节余的富余指标,同时,该企业还应向环保部门提交详细报告论证有持续削减的真实可靠的技术力量。

纵观中国对大气污染防治的现行法律法规,现在基本上都是针对二氧化硫等对环境和人体有害气体而制定的。因此,从现在起,中国不仅要高度重视对人体和环境有害气体的污染源的控制,要着手做好摸清家底工作,即二氧化碳排放许可及交易的先决条件是准确了解所有排放单位或设备的排放情况,而且还要加紧制定控制二氧化碳排放的各项法律法规,应包括温室气体排放许可、分配、收费、交易、管理等内容。同时应尽快着手开展二氧化碳排放管理机构的建设,包括组织管理机构、许可证发放机构,特别是碳排放权交易机构的建立及其运作。

三、建立碳排放奖励约束机制

建立促进节能减排的财税奖惩机制。可以实行税率与企业节能减排挂钩:对同一行业和生产同一类产品的低能耗、低排放企业实行低税率;对高能耗、高排放企业实行高税率,当其节能减排达到一定水平自动适用较低税率。鼓励企业开展资源循环利用和综合利用,支持节能减排重点工程、高效节能产品和节能新技术推广、节能管理能力建设及污染减排监管体系建设等。

加强节能减排的金融服务。引导金融机构信贷资金流向,加大对循环经济、环境保护及节能减排项目的信贷支持;优先做好符合节能环保条件的企业和节能环保领域企业的上市资源培育工作。建立和完善金融监督管理部门与环保等部门的信息共享机制。引导金融机构在为企业或项目提供金融服务时,把审查企业环保信息、企业环保守法情况作为重要依据。

建立健全节能减排指标体系、监测体系和考核体系。对高耗能行业制订强制性能耗限额标准,建立和完善主要用能设备能效标准和重点用水行业取水定额标准。建立和完善污染物排放数据网上直报系统和减排措施调度制度,对监控重点污染源实施联网在线自动监控,向社会公告重点监控企业年度污染物排放数据。将节能减排指标完成情况纳入各地经济社会发展综合评价体系,作为领导干部综合考核评价和企业负责人业绩考核的重要内容。

第五节 设立碳产品税制

碳产品税,也称碳税,是指针对二氧化碳排放所征收的税。它以环境保护为目的,希望通过削减二氧化碳排放来减缓全球变暖的速度。碳税通过对燃煤和石油下游的汽油、航空燃油、天然气等化石燃料产品,按其碳含量的比例征税来实现减少化石燃料消耗和二氧化碳排放。与总量控制和排放贸易等市场竞争为基础的温室气体减排机制不同,征收碳税只需要增加较少的管理成本就可以实现。

一、征收碳产品税的目的

1.征收碳税的主要目的是减少温室气体的排放量。碳税是按照化石燃料燃烧后的排碳量进行征收。所以为了减少费用支出,公共事业机构、商业组织和个人均将努力减少使用由化石燃料产生的能源。个人可能会放弃私家车,改乘公共交通,并使用节能灯来代替白炽灯。商业组织可通过安装新型装置或更新供热/制冷系统来提高能源利用效率。公共事业机构可使用废弃洗涤塔、低氮氧化物燃烧器或气化法来减少温室气体排放。由于碳税为碳排放设定了一个明确的价格,因此为提高能源效率进行的高昂投资可以得到相应回报。

2.碳税使得替代能源与廉价燃料相比更具成本竞争力,进而推动替代能源的使用。

3.通过征收碳税而获得的收入。这项收入可用于资助环保项目或减免税额。

二、我国征收碳产品税的必要性

(一)开征碳税是减缓国内生态环境压力的需要

受能源分布的约束,我国是世界上少有的以煤炭为主的能源消费国之

一、改革开放 30 多年来,我国经济高速发展,碳排放量逐年增加,而且增长很快。碳排放引起的气候变化已经对我国的自然生态系统和经济社会系统产生了一定的影响。同时,我国发展面临着人口、资源、环境的严重约束。因此,为了实现经济和环境的可持续发展,政府已经把节能减排作为当前工作的重点,也采取了相关的政策措施。碳税作为实现节能减排的有力政策手段,也是保护环境的有效经济措施,应成为我国应对气候变化的主要政策手段之一。

(二)开征碳税是完善环境税制的需要

从国外发达国家来看,其普遍建立以硫税、氮税、燃油税、碳税等环境税税种为核心的环境税制或绿色税制。虽然我国目前也存在着一些与环境保护相关的税种,如资源税、消费税等,但目前尚缺乏独立的环境税种,符合市场经济的环境税收制度尚未建立起来,环境治理的效果并不理想。

开征碳税,可以设立直接针对碳排放征收的税种,增强税收对于二氧化碳减排的调控力度,同时,也有助于我国环境税制的完善,碳税作为一个独立税种或者作为环境税的一个税目,配合其他环境税的开征,可以弥补环境税的缺位,构建起环境税制的框架,加大税制的绿化程度。此外,通过开征碳税,减少其他扭曲性税收,还能够实现整个税制结构的完善和优化,对实行有利于科学发展的财税制度,进一步深化税制改革具有重要意义。

(三)开征碳税有利于经济发展方式的转变

经济发展方式粗放,特别是经济结构不合理,是我国经济发展诸多矛盾和问题的主要症结之一。节能减排是进行经济结构调整、转变经济发展方式的重要途径。而碳税作为重要的环境政策工具,既有利于调整产业结构,也有利于促进节能减排技术的发展,还符合我国发展低碳经济的方向。

具体来看,开征碳税能够推动化石燃料和其他高耗能产品的价格上涨,导致此类产品的消费量下降,最终起到抑制化石能源消费的目的,进而还能达到因减少使用化石燃料而减少二氧化碳排放以及减少其他污染物排放的目的。因此,开征适度的碳税,有利于加重这些高耗能企业和高污染企业的负担,抑制高耗能、高排放产业的增长。同时,征收碳税有利于鼓励和刺激企业探索和利用可再生能源,加快淘汰耗能高排放高的落后工艺,研究和使用碳回收技术等节能减排技术,结果必然是促进产业结构的调整和优化、降低能源消耗。总之,开征碳税有利于促进我国经济发展方式的转变和低碳经济的发展。

(四)开征碳税有利于树立负责任的国际形象

我国是《联合国气候变化框架公约》(下称《公约》)的签约国。1997年公约第三次缔约方大会对《公约》的实施取得重大突破,缔约方在日本京都通过了《京都议定书》,对减排温室气体的种类、主要发达国家的减排时间表和额度等作出了具体规定。2007年出台的"巴厘岛路线图"为进一步落实《公约》指明了方向。中国目前虽然没有承诺减排的义务,但作为世界上二氧化碳排放大国,我国限排和减排的国际压力与日俱增。因此,开征符合我国国情的碳税,将其作为我国主动进行二氧化碳减排的行动之一,不仅符合国际环境政策的发展趋势,也可以提高我国的国际形象和有利于掌握未来谈判的主动权。

三、我国征收碳产品税的目标原则

(一)政策目标

减少二氧化碳的排放是开征碳税最直接的目的,但碳税在减少二氧化碳排放的同时,也能起到节约能源、减少二氧化硫、氮氧化合物等其他污染物排放等方面的作用,因此碳税的开征目标包括二氧化碳减排、节能和其他污染物减排多个方面。基于此,碳税所要达到的目标包括近期目标和长期目标。

近期目标:出台针对消耗煤炭、天然气和成品油等化石燃料的税收政策,形成符合我国实际国情的碳税制度,控制温室气体的排放,表明我国在应对全球气候变化和环境保护方面的坚定立场;同时,通过碳税政策实现能源的节约和其他污染物的减排,促进国家节能减排目标的实现。

长期目标:应对全球气候变化、节约能源和保护环境,发展低碳经济;提高能源效率,协调能源、经济和环境的关系,实现我国经济社会的可持续发展;建立人与自然和谐的关系,为建设生态文明和环境友好型社会提供政策保障。

(二)征收原则

开征碳税的指导思想:根据深入贯彻落实科学发展观和建设资源节约

型、环境友好型社会的总体要求,按照建立有利于科学发展的财税制度的总体部署,借鉴国际经验,通过对各种化石能源开征碳税并合理确定税率,培养资源节约和环境保护意识,强化税收政策的生态职能,从而使税收体现科学发展观和构建和谐社会的必然要求,实现经济又好又快发展。

根据上述指导思想,我国碳税的开征应该考虑以下基本原则:

第一,兼顾约束和激励作用的原则。一方面通过征税限制企业和个人对化石能源的消耗,减少温室气体排放,转变我国能源消费结构不合理和能源效率低下的不利局面;另一方面,通过税收激励企业使用清洁能源和可再生能源,提高能源利用效率,促进环境改善和经济社会可持续发展。为此,需要建立健全有利于能源资源节约和环境保护的税收激励和约束限制并重的机制。

第二,兼顾环境保护与经济发展的原则。一方面,发展经济不能牺牲生态环境,为了有效减少二氧化碳的排放,就需要保证碳税对企业的较强刺激力度,促使其改变化石能源的消费行为;另一方面,开征碳税也要考虑企业承受能力和对经济发展的负面影响。如果碳税征收标准过高会影响到企业的竞争力,影响经济的发展。因此,我国开征碳税应该在实现保护生态环境的同时把税收对经济的负面影响降到最低限度,兼顾两者的平衡。

第三,立足国情和合理借鉴的原则。我国开征碳税,不可避免地要借鉴国外的成功经验,以求科学和完善。但是,我国目前与发达国家之间在经济发展水平、科技水平和管理水平方面有着一定的差距,同时在税制、纳税人以及社会环境等其他方面也存在着差别。因此,开征碳税应以我国的基本国情为本,不能盲目照抄照搬他国的做法,这样才能建立适合自身发展的碳税,使之在我国的现实社会经济条件下切实可行。

第四,循序渐进的原则。我国的国情和环境税自身的复杂性决定了碳税在我国的实施将是一个循序渐进的过程。在经济全球化的背景下,国内外大量实践证明,征收碳税将影响企业国际竞争能力,其不可避免地会遭受阻力。为此,合理选择引进碳税的时机也是保证环境税实施成功的重要因素之一,分步推进碳税和逐步提高税率,可以降低其对企业竞争等方面的影响以及社会有关方面的抵触情绪。

典型案例

福建：交行福建省分行构建"绿色信贷"机制支持低碳经济

建设生态文明、资源节约、环境友好型社会是我国的基本国策。为切实提升交通银行福建省分行绿色金融业务发展质量和效益，该行根据国家和总行相关政策，结合分行特点和福建特色，围绕环境保护、节能减排、循环经济、清洁和可再生能源等重点业务领域，积极探索构建"绿色信贷"机制。

据交行福建省分行相关负责人介绍，在项目开发、评审过程中，该行认真贯彻执行国家"循环经济发展战略"、银监会"绿色信贷指引"和总行"绿色信贷政策"，强化对项目环境影响评估的审查评估，实行环境影响评价"一票否决制"，严格控制向高能耗、高污染和高环境风险贷款项目承诺贷款，对不符合国家相关环保法规的限制及淘汰类项目、工艺、设备等，一律不提供信贷支持。目前，该行已给予燃气和水利行业10.8亿元授信额度。

对项目实施贷中、贷后环评风险监控，该行严格核查项目是否具备合同签订或贷款发放条件，确保项目环评合格率达到100%。对所有与交行建立信贷关系的授信客户，实行"分类标识，名单制管理"；对出现环保不合规、因环境问题受到通报处罚的企业，降低其信用等级；对环保严重违法违规或发生重大安全事故的项目，一律停止发放贷款，下调资产质量等级，并列为重点风险防控对象。

记者进一步了解到，交行福建省分行还积极开辟"绿色通道"，优先保障绿色项目对信息资源、信贷规模等需求，加快项目评审承诺进度，确保资金及时到位。积极响应银监会和林业局关于林权抵押贷款的实施意见，创新贷款模式和信贷产品，对"林权"抵押贷款客户给予积极考虑，大力支持"林权"抵押融资发展，目前已投放7250万元。

（来源：人民网2013年12月2日）

思考与探索

1. 构建低碳发展的政策导向机制有哪些？
2. 为什么要建立低碳产品认证体系？
3. 征收碳产品税的目的是什么？

第三章 低碳城市发展模式

低碳城市(Low-carbon City),指以低碳经济为发展模式及方向、市民以低碳生活为理念和行为特征、政府公务管理层以低碳社会为建设标本和蓝图的城市。发展低碳经济是我国经济社会发展的必然趋势。在这一大背景下,实现从高碳城市模式向低碳城市模式的转变,已成为我国城市可持续发展的现实选择。专业技术人员要多角度认识到推进低碳城市建设需要从城市规划、产业结构、资源和能源利用、公共交通、绿色建筑、生活消费等多方面采取相应的应对措施。

现如今,低碳城市目前已成为世界各地的共同追求,很多国际大都市以建设发展低碳城市为荣,关注和重视在经济发展过程中的代价最小化以及人与自然和谐相处、人性的舒缓包容。

第一节 低碳城市管理创新

近年来,各地在推动低碳城市建设过程中,低碳项目建设是其中的一个亮点。但在一片繁荣的背后,问题也是显而易见的,众多低碳城市建设项目,千篇一律地过度依赖于新能源技术项目的建设,而从管理层面推动低碳节能的措施相对较少。

一、低碳城市建设要侧重管理创新

从目前来看,许多地方在低碳城市建设过程中,对低碳经济的内涵并不明确。许多地方提出低碳城市建设,其能源将实现由太阳能、风能、海水热能、生物质能综合供应。

目前,我国地方在低碳城市建设过程中,无一例外地是通过引进光伏、风电等技术项目,期待通过技术跨越式的发展来实现低碳经济。但事实上,无论是光伏还是风电,投入产出比是制约其推广应用的主要制约。而且从经济效益来看,这样一些新能源项目,也并不能真正实现城市低碳发展。主要是因为这些项目建设更多的是作为地方的形象工程而存在,真正能解决能源供应、实现化石能源节约的新能源项目,在低碳城市建设过程中还是比较少的。

此外,地方在低碳城市建设过程中,急功近利的现象也很明显。翻开各地的发展规划,各地多期待5-10年完成低碳城市的建设目标。殊不知,许多地方连低碳的概念还梳理不清。低碳更重要的内涵是城市能源综合利用率的提高,能源结构的优化和消费者行为的理性化。基于不同的发展阶段和对发展低碳城市的不同理解,中外低碳城市建设模式也有很大的差别。中国的低碳城市建设就需要从点到面,从城市内部的一两个方面尝试,逐步走向以全市、全省为单位,全方位实现经济增长方式的转型。

对于低碳城市建设来说,经济发达的城市除了要做好节能减排的工作,还要从消费等层面下手,比如以交通、建筑为切入点,从基础工作做起,建立完备的能源和碳排放统计监测体系,使建设低碳城市的政策和措施更具有科学性。

国家发改委要求建设低碳城市要制订发展规划,建立监测体系,制订支持绿色低碳发展的政策措施或者是引导低碳消费等等。就目前而言,我国在推进低碳城市建设过程中,更应该强调的是推广低碳消费模式。例如,采购低碳产品,鼓励低碳消费,推行绿色消费模式。而这些是国家和地方在推动低碳城市建设过程中,应该率先垂范、先行一步的地方。

二、低碳城市管理创新的一些建议

在工业化发展阶段,一般都伴随着较高的碳排放强度,能源和资源的利用效率较低等问题。再者城市化进程中,温室气体的排放可能会进一步增加。为此,要推广低碳创新,从高碳经济向低碳经济转变,在积极参与国际合作基础上,运用低碳能源、使用低碳产品、实现低碳交通运输、低碳生产、开发低碳服务市场和碳交易市场。

(一)建设低碳城市,制定相关的碳排放等规划文件

建设低碳城市,发展低碳经济是一项长期任务。首先需要根据国家的相关法规和《京都议定书》,制定应对气候变化战略方案,提出低碳经济发展目标和行动纲领。进一步制定应对气候变化科技专项行动,推进低碳创新,促进产业升级。同时,积极参与国内外合作,参与碳排放标准的制定,参与国际排放交易及生态产品服务交易,并推出有关产业、产品的碳排放量标准,在时机成熟的时候启动"碳排放税"。

定期公布城市各区县碳排放报告及分析,实行碳排放信息公示制度。定期对城市及各区县减少碳排放情况做评价报告。定期发布国家减少碳排放目标、对策和措施等信息。

(二)推广低碳创新,改造经济模式,发展低碳经济

低碳经济发展是发展趋势,需要在建设低碳城市的目标下,主动推广低碳创新,进行产业结构调整,改造经济发展模式。

1. 开发低碳能源,鼓励低碳能源的应用。例如,太阳能的应用,鼓励家庭和学校使用太阳能,加大力度推广太阳能热水器、太阳能光电技术等太阳能利用技术。

2. 逐步实施低碳交通运输,推动新能源汽车的开发和应用,建立和健全便捷的公共交通网络(修建轨道交通也是低碳措施的一种)。对于车辆尾气排放实行更加严格的排放标准。

3. 开发低碳技术和低碳产品,整合初级低碳产品进行深度开发,使低碳产品成为出口的新亮点,提高出口产品的附加值。

4. 促进产业发展低碳化。限制高碳产业的发展,推动产业升级。

(三)运用开放式创新,提高创新的附加值

气候变化是全球性挑战,仅靠某个城市的努力是不够的。要坚持开放式创新,就要通过广泛的国际合作,包括科研合作、技术合作、市场合作、人力资源开发合作等方式发展低碳经济。制定相应的国际合作方案,参与国际碳市场交易。在这个新兴领域,实现突破,在国际低碳创新和低碳经济中发挥重要作用。

在发展低碳经济和建设低碳城市的过程中,应该运用开放式创新的理念,改变一些原有的创新观点。如各类组织创新的重点是能否将全球最新技术进行整合运用,能发现原有技术的新用途,进行非技术创新,非研发为主的创新。关键就是运用他人的力量来实现自身的价值/利润最大化。

(四)科学宣传低碳经济,引导低碳观念,使人们理解低碳意义

建设低碳城市,需要进行科学的宣传和引导。事实上,低碳经济体现在生活的每个角落。例如,矿泉水的生产工序中的碳排放量较高。再者,对于已经采取的低碳措施,要科学的宣传,正确的宣传,使人们更好的接受和理解低碳理念。

(五)建立排放总量标准,进行排放交易,推动企业实施低碳创新

目前对于污染的控制,一般只是制定了废气和废水等的排放标准。在这同时,需要制定一个产品的碳排放标准。如果企业排放量超过碳排放的总量标准,那么企业有两条路可走:

1. 向其他废气排放量少于其总量标准的企业购买所需的排放量,从而在达到排放的总量标准基础上正常排放废气。这个购买的价格根据政府法规和实际情况而定,通常价格比较高。

2. 企业采取技术革新,减少废气的排放量。企业在这两种方法中进行选择。不论何种方法,这种排放交易的存在都会促进企业进行低碳创新。这是因为,如果排放交易的成本高于低碳技术创新,那么企业会倾向于采用技术创新的方法。如果企业采用排放交易的方法,这会让卖方企业更深刻感受到实施低碳技术创新的附加值,减少污染不仅可以使自己企业达到政府标准,而且减少的量能为企业带来额外效益。再者,随着发展,各地的碳排放标准会提高,这就意味着碳交易成本的提高,迫使交易企业参与低碳创新。

这种交易可以是全球范围内进行,我国城市应该积极参与有关排放交易和碳交易的全球市场。利用优势,从该交易中获益,并将这些获益用来更好提高经济和环境发展,形成良性循环。

(六)深入开展低碳创新、低碳经济和低碳城市建设研究

低碳创新和低碳经济发展都是一个新领域,需要大量的研究。例如产品碳标准的制定,低碳经济发展目标,低碳经济实现模式,低碳城市发展规划,产业调整等各个方面。同时开展低碳初级产业布局的调研。

第二节 低碳城市建设要因地制宜

全球气候变化威胁人类的生存和发展,其主要原因之一就是人类过多地使用化石能源。城市是二氧化碳的高排放区域,建设低碳城市是未来城市发展的最优模式。全国已有100多个城市相继提出了建设低碳城市的发展目标,积极探索符合自己特点的低碳发展模式。

一、低碳城市建设要因地制宜地制定出规划方案

低碳生态城实际是一个"舶来品"。当前我国涌现出一大批国际合作共建的低碳生态城市,一些城市在大量引进国外先进技术的同时,往往容易忽视因地制宜的重要性。因此要应把重心放在对几个"方案"的制定上。

规划方案。尤其对于大中城市而言,低碳生态的土地利用方案是低碳生态之根本,应在充分吸收国外先进城市规划经验的同时,立足现代化城市新中心的定位,采取紧凑混合用地模式,规划建设交通综合体、社区综合体和市政综合体,建立一套适合高密度城市中心地区的低碳生态规划方案。

能源方案。可再生能源比例是低碳生态城市的重要指标之一,要利用好本地资源以及相关工厂的区位条件,以清洁能源和可再生能源,作为辅助能源系统,实现可再生能源和清洁能源的合理能源构架。

水资源方案。再生水利用率是低碳生态城市的又一重要指标,在立足本地水资源的实际情况之下,积极制定远期水资源使用目标,同时适当考虑污水回用的再生水利用方案。

绿色建筑方案。这也是目前很多城市非常关注的重要部分。对此政府应予以引导并推出支持政策,尤其是地方性的绿色建筑设计导则、施工导则和验收导则,要切合本地实际加以推进。

二、低碳城市建设要因地制宜地制定出对策

政府是经济社会发展战略和政策的制定者,也是低碳城市建设的倡导者、组织者和推动者。在统筹城乡发展的进程中,必须把发展和环境保护有

机结合起来,通过国家级可持续发展实验区创建,探索一条城市经济以低碳产业为主导、市民以低碳生活为理念和行为特征、政府以低碳社会为建设蓝图,符合城市发展实际、具有特色的城市发展道路。

加强组织领导。低碳城市建设涉及经济、科技、规划、交通、建筑、消费等诸多领域,是一项复杂的系统工程。要建立政府层面的低碳城市组织架构,各部门间建立有效的协调和决策机制,明确低碳城市建设的指导思想、目标任务、重点领域、具体步骤和政策措施,出台有助于加快低碳城市建设的政策措施,严格执行国家有关节约能源、环境保护等法律法规,运用经济、法律和必要的行政手段引导并推进低碳城市建设。

开发低碳技术。基于一些城市以煤为主的能源消费结构短时间内不可能根本改变,目前低碳城市建设的重点是大力开发能源高效利用技术和节能减排技术。在此基础上,还要加大可再生能源和替代新能源等低碳技术研发及产业化。为此,各级政府、各部门应将低碳技术研发纳入发展规划,把低碳科技支出作为财政预算的重点,调动企业、高校和科研机构低碳技术研发的积极性,加强国际、国内低碳技术的合作和交流。

优化产业结构。产业结构调整在低碳城市发展中具有举足轻重的作用,要从结构上实现经济低碳、高效发展。农业要重视增加有机肥投入,减少农药的使用,推广秸秆气化、太阳能、沼气等清洁能源,加快发展绿色、有机、高效农业。要加快低碳技术产业化,加快风能、太阳能等新能源发展步伐,促进可再生能源、替代新能源和节能环保等低碳产业发展,扩大低碳产业产值和规模。要严格控制高耗能、高排放、高污染和产能过剩行业的盲目扩张,依法关闭破坏资源、污染环境的企业,淘汰落后产能,有效降低单位 GDP 碳排放强度。

加快产业聚集。据专业部门分析,通过产业集群,可以节约土地 30%,提高能源利用效率 40%,节约行政管理费用 20% 以上。要高度重视现代产业聚集区规划编制工作,将现代产业聚集区规划纳入城市总体规划之中,要与土地、交通、水利、能源、通讯、环保等规划实现有效衔接,为现代产业聚集区建设留足发展空间,更要在区域范围内或更大范围内,集约节约资源,发展循环经济,推行清洁生产,以较少投入获得最大产出,实现经济效益和生态效益的统一。

推广低碳消费模式。低碳城市建设是一项涉及技术、产业、消费等多领域长期宏大的系统工程,也是每一个市民义不容辞的责任。要积极组织开展低碳经济宣传教育进机关、进企业、进学校、进社区、进家庭活动,鼓励城乡居民在日常生活购买使用有节能环保认证标志的空调、冰箱等绿色家用电器,推广使用节能灯、节水用具、节能环保锅炉、节能汽车等新技术、新材料和新产品,引导广大市民形成低碳消费方式。同时,健全行政管理制度,提倡无纸化办公,完善政府采购制度,采购低碳办公设备,制定办公资源使用定额标准,提高能源资源利用效率。

第三节　低碳城市与经济转型

城市作为人类活动的中心,是世界人口的主要集聚地,是温室气体的主要排放源,也是低碳经济发展的关键平台。进入发展快车道的中国,城市化需求不断加大,城市化速度越来越快,紧抓低碳变革与中国城市发展这一重大历史机遇,将低碳城市作为低碳经济发展的重要抓手和战略切入点,加速低碳城市的创建,将对中国城市的低碳繁荣、经济转型升级做出巨大贡献。

低碳城市要求实现碳的排放与处理的动态平衡,以确保在一个城市范围内维持可持续的生态体系,强调以低碳理念为指导,以低碳能源为基础,以低碳技术为保障,以低碳建筑、交通为载体,通过低碳生产和低碳消费为全球减少碳排放。

一、低碳城市的三大特性

作为一种城市新型发展模式,低碳城市在国内具有三大特性:首先是系统性。低碳城市创建要放在国内经济社会发展的大背景下,立足中国仍处在城市化加速阶段和人民生活质量需要改善的实情,找到降低排放与经济增长的最佳均衡区域,促使低碳城市创建、经济社会发展和人民生活水平提高有机结合;另外,应将低碳交通、能源、技术、产业、消费等内容进行规范整合,有计划有步骤地推进。其次是阶段性。低碳城市创建要充分认识区域发展所处的历史阶段,根据中国各区域的发展情况,以相对降低城市社会经济活动的碳排放强度为近期目标,实现碳排放量与社会经济发展脱钩的目标,最终达到降低城市碳排放总量的目的。第三是创新性。要实现技术创新与制度创新相结合,一方面,城市发展的低碳化需要低碳技术的创新与应用,另一方面,低碳城市发展需要在对原有的公共治理模式和制度建设的基础上,进行科学创新。

二、创建低碳城市对经济转型的有利影响

在世界经济面临深度调整的宏观背景下,发展低碳城市可以避免城市化进程中的碳锁定和路径依赖,避免出现高耗能的产业发展和城市基础设施,将有力推动中国经济转型。主要表现在以下方面:

低碳城市创建能促使城市产业结构进一步优化。低碳产业要求产业技术密集程度进一步提高,高新技术产业比例大幅度提升,产业能耗少、水耗少、排污少、运量少、占地少,产品附加值高,第二产业"高加工度化"得以促进,再生资源产业和环保产业得以发展,第三产业比重大大提高。

低碳城市创建能促使能源进一步高效利用。低碳城市要求积极推进能源结构调整,优化国家能源消费结构,改善城市燃料供应体系,扩大石油和天然气消费,提高城市气化水平和高质量燃料供应能力。

低碳城市创建能促使城市交通体系进一步完善。低碳城市要求推行城际轨道交通为主、高速公路为辅的交通模式,加快城市的轻轨和地铁建设,打造高速立体交通网络;能控制私人交通出行的数量和降低单位私人交通工具的碳排放,减少交通的碳排放和空气污染;能加速推进城市综合交通节能体系建设,引进和开发运输新技术。

低碳城市创建能促使城市消费理念进一步转变。低碳城市倡导和实施低碳消费,能引导家庭转变消费理念,拒绝一次性消费、便捷消费及高能耗消费,倡导绿色出行,形成低碳化、低能耗的消费习惯;能鼓励企业积极开发和探索可替代、可回收材料,引导企业生产低碳产品,实现生产领域的低碳化、生态化。

三、创见低碳城市需要加速建立相应的创新机制

低碳城市的创建是一项长期而复杂的工程,构建低碳城市应着重在绿色交通、绿色能源、绿色建筑、绿色生产、绿色消费五大重点上下功夫。目前无现成经验可搬，无固定模式可循，需要在摸索前进的基础上建章立制，改革创新，建立加速低碳城市创建的相应机制：

创新组织机制。应围绕低碳城市建设的任务，创建相应的组织机构，包括成立低碳城市规划小组，组建常设的工作机构，建构联席会议制度，搭建高层次的咨询机构等。

创新激励机制。可以成立中国低碳城市创建基金，对各省低碳城市创建予以支持。也可以实行补贴、融资等优惠激励机制，鼓励新能源的开发、现有能源的技术改造，以及对低碳技术的研发、应用、转让等各个领域的工作。还可以通过补贴等措施鼓励消费者消费节能型产品。

创新治理机制。要建立健全能源结构调整机制。加快新能源研发力度，制定能源结构转换发展战略，明确能源战略目标和战略任务，推动能源低碳化发展。要制定行业排放与耗能治理机制。对高耗能、高排放行业要明确排放标准和整改期限，促其进行技术改造和产业升级；对无法满足低碳发展要求的落后企业要坚决取缔。要完善市场机制，全面发挥市场调节功能，使低碳产品、低碳技术、低碳服务市场化。要构建公众参与机制，促使多方主体主动融入低碳城市创建。

创新制约机制。首先要确定我国每年度刚性排放指标，制定科学合理又有发展紧迫感的排放总量，以通过刚性排放约束加快低碳经济发展速度。其次要制定针对每个产业、每个行业，尤其是高耗能、高排放行业的能耗排放标准，对不能满足排放要求的企业要阻止其上马。最后是制定碳税征收机制，进一步加大对碳税的征收力度，对高碳企业和行业进行专项碳补偿税收征收，利用税收这一分配杠杆，有效地制约新进企业的业务选择，亦促使原有需进行技术改造的企业加大低碳建设力度。

四、创建低碳城市需要转型居民的消费方式

建设低碳城市必须以发展低碳经济和低碳消费为前提。从城市政府、企事业单位到城市居民，都应牢固树立低碳消费观念，积极倡导低碳消费方式，自觉使用低碳消费资料，自觉选择低碳消费行为。建设低碳城市需要从社会、经济、制度、法律、政策等多个层面开展扎实工作，从城市的"软环境"到

"硬环境"的全面建设,才能真正实现低碳城市的目标。

(一)引导城市居民消费观念,让低碳消费成为社会共识

要利用电视、广播、报纸、标牌、宣传栏等媒体,广泛宣传节能减排、低碳消费的深远意义,积极营造良好的社会舆论氛围,引导居民适度消费、低碳消费。从城市政府到居民社区,在全社会大力提倡"低碳生活",使人们从自己的生活习惯做起,控制或者注意个人的碳排量;反对和限制盲目消费、过度消费、奢侈浪费和不利于环境保护的消费;进一步弘扬节约是美德的观念,彻底改变与节能减排背道而驰的消费陋习。

(二)营造低碳生活环境,引导居民健康生活方式

城市政府部门应制订涉及各个行业的绿色标准、对产品授予低碳标志,让居民在消费选择时有据可依;城市社区可向居民印发低碳生活手册,引导市民进入低碳的生活方式;企业生产应提倡消费本地资源,生产的产品以满足当地市场为主,以减少资源和商品在运输过程中的碳排放;高等院校、科研院所、政府机关等办公事务较多的部门,应建立办公自动化系统,多用电子即时通讯工具,少用打印机、复印机和传真机。

(三)建立低碳消费制度体系,以政策法律约束高碳消费

一方面城市政府部门应出台相关政策和法规,鼓励企业、市民和社会组织实行低碳消费。对于开发低碳产品、综合利用低碳能源、投资低碳生产流程的企业,不仅要在贷款、税收等方面给予优惠政策,而且要在大众媒体上予以积极表彰和公开奖励;另一方面通过税收、物价调控、财政补贴等政策手段,引导消费者节能减排,实现低碳生活,抑制高碳消费方式。例如,通过财政补贴方式鼓励消费者购买小排量汽车和新能源汽车,使用太阳能设备,推广节能灯等;通过提高燃油税、超额用电税、超额水费等措施,抑制高能耗、高排放的高碳消费方式。

(四)加强低碳能源开发利用,逐步取代城市高碳能源

城市低碳经济以通过节约能源、提高单位能效、发展和利用可再生能源与新能源、减少煤炭、石油的使用等来实现。在新能源开发上要加大投资力度,大力发展风能、太阳能、地热能、生物能、氢能等可再生能源;采用安全技术和严格的环境监测,积极发展核电;在保护生态环境的基础上有序开发水

能;大力推广清洁煤技术,推动能源消费结构的低碳化。

(五)推广低碳消费模式必须与实施低碳生产相结合

低碳生产实际上包括两个方面:一是生产性领域的低碳生产,特别是第二产业要在使用新能源、新技术,促进低排放方面加大改革创新的力度;二是改善自然环境的低碳生产,鼓励居民和社会组织充分利用城市的空地、屋顶、阳台、墙壁,种植树木花草等绿色植物,扩大城市的绿色覆盖率,增加绿色植物对二氧化碳的吸收能力,从而减低城市的碳浓度。

第四节 中国低碳城市建设的主要做法

一、WWF"中国低碳城市发展项目"

2008年1月,世界自然基金会(WWF)启动了"中国低碳城市发展项目",以期推动城市发展模式的转型,保定和上海是首批试点城市。上海市在打造"低碳城市"的过程中,着重对建筑的能源消耗情况进行调查、统计,从办公楼、宾馆、商场等大型商业建筑中选择试点,公开能源消耗情况,进行能源审计,提高大型建筑能效。同时还将对公共建筑的物业管理人员进行培训,提高其节能运行的能力。为了减少碳排放量以实现可持续发展,上海市已着手在南汇区临港新城、崇明岛等地建立"低碳经济实践区",推动低碳经济发展。上海将充分利用南汇区临港新城和崇明岛的后发优势建立和完善实现低碳发展的政策框架,在两地建设若干低碳社区、低碳商业区和低碳产业园区等低碳发展综合实践区,以促进低碳技术的集成应用,带动两地低碳经济的发展,为上海建设低碳城市探索新的发展模式。另外,上海世博园区已在低碳发展方面做了很好的探索。

作为世界自然基金会(WWF)的试点城市,河北省保定市在2006年提出打造"保定·中国电谷"的战略构想,依托保定国家级高新区新能源与能源设备产业基础,打造一个以电力技术为基础的产业和企业群,重点发展风力发电的产业链、太阳能光伏发电产业链、节能产业链等七大产业园区,培育以光电、风电、生物质发电、节电、储电、输变电六大产业体系,通过技术研发、人才培训、商务服务和产业制造,形成一个全产业链条,通过10年左右的努力,把"保定·中国电谷"建成占地25平方公里、产值超千亿、具有国际影响力的新能源产业基地,为国家提供一个可再生能源和节电产业的战略发展平台。2007年保定提出3年建设"太阳能之城"的目标,目前已有105个居民生活小区完成太阳能应用改造,市区101个主要路口的交通信号灯全部改造成太阳能控制。世界首座光伏发电与五星级酒店一体化建筑——电谷大厦也在保定正式投入使用。

保定市2008年开始推进低碳城市建设,依托保定国家高新区能源和能源设备产业基地,以可再生能源产业打造低碳产业结构,继而推动低碳经济和低碳城市。2008年12月,保定市政府公布了《关于建设低碳城市的意见(试行)》,制定了《保定市低碳城市发展规划纲要(2008-2020年)》(草案)。这是中国首个以政府文件形式提出的促进低碳城市发展的文件。保定市低碳城市建设"路线图",可以概括为一个理念、二个阶段性目标、三个主要任务和六项重点工程。树立一个理念,即探索一条城市经济以低碳产业为主导、市民以低碳生活为理念和行为特征、政府以低碳社会为建设蓝图的符合保定实际,节能环保、绿色低碳的生态文明发展之路。锁定两个阶段性目标,一是提出了2010年-2020年降低二氧化碳排放强度,提高新能源产业增加值占规模以上工业增加值比重的阶段性目标。2010年,万元GDP二氧化碳排放量比2005年下降25%以上;新能源产业增加值占规模以上工业增加值的比重达到18%。到2020年,万元GDP二氧化碳排放量比2010年下降35%;新能源产业增加值占规模以上工业增加值的比重达到25%。锁定新能源产业增加值占规模以上工业增加值的比重指标,体现了保定市发展低碳经济的特色。三个主要任务,即加快新能源和能源设备制造业发展,进一步完善太阳能光伏发电、风力发电、高效节电、新型储能、输变电和电力自动化等六大产业体系,打造"中国电谷",构建低碳城市的产业支撑体系;通过各种活动,在各级部门和广大市民中树立低碳意识和理念,推进生活方式低碳化和城市建设低碳化;强化工业企业节能减排、抓好农村节能、推进建筑节能、强化城市交通运输节能减排和推进商贸流通业节能减排。六项重点工程,分别为"中国电谷"建设工程、"太阳能之城"建设工程、城市生态环境建设工程、办公楼低碳化运行示范工程、低碳化社区示范工程和低碳化城市交通体系整合工程。

二、中新天津生态城项目

中新天津生态城是世界上第一个国家间合作开发建设的生态城市。中新天津生态城是中新两国政府应对全球气候变化,加强环境保护、节约资源和能源,构建和谐社会的战略性合作项目。2007年初,新加坡提出与中国政府合作建设生态城的意愿。按照新方的设想,生态城应体现"三和"、"三能"。即:"人与人和谐共存、人与环境和谐共存、人与经济活动和谐共存","能实行、能推广、能复制"。最终确定在天津滨海新区内选址建设中新生态城,规划范围34.2平方公里。中新两国政府在选址上的一些硬性条件,如生态城选址范围内用地为盐田、盐碱荒地和湿地,属于水质性缺水地区,符合不占耕地、在缺水地区选址建设的原则等,正好符合中国目前土地、水资源和能源紧缺等的现实条件,中国政府希望通过借鉴新加坡和其他发达国家的生态规划建设经验,将生态环境恶劣的地区转变为生态环境良好的地区,使其成为今后中国城市可持续发展的示范。2007年11月18日,温家宝总理与新加坡李显龙总理共同签署了在天津建设生态城的框架协定,《中新天津生态城总体规划(2008—2020年)》自2007年11开始启动,首期建设于2008年9月28日动工。自开工建设以来,中新天津生态城的"低碳"发展模式就引来了各方的关注。

中新天津生态城开工建设两年来,充分利用中新合作平台优势和滨海新区开发开放机遇,以起步区基础设施、环境治理、产业引进和生态住宅为重点,高标准、高质量、高速度推进各项工作。根据中新天津生态城可再生能源专项规划和实施计划,太阳能供热、地源热泵技术在生态住宅、大型公建中普遍应用,风力发电、光伏发电项目和动漫园综合冷热能源供应站已开工建设。为满足可再生能源接入电网的需要,生态城与国家电网公司合作,开工建设以信息化、自动化、互动化为主要特征的智能电网工程,构建安全、可靠、清洁、优质、高效、互动的可持续能源供应服务体系,生态城已成为国内首个进入实质性建设的智能电网综合示范区域。中新天津生态城低碳产业聚集效应初现。文化部将国家动漫园落户生态城后,2010年广电总局又将国家3D

影视创意产业园选址生态城。目前,生态城已累计引进节能环保、文化创意、科技研发、金融投资类企业160家,协议投资总额200亿元,另有100多个项目正在洽谈,初步形成了以绿色、低碳、循环为主导的产业集群。

中新天津生态城充分借鉴了当今世界上先进的生态城市建设理念,编制了具有广泛指导意义的生态城指标体系、城市总体规划、绿色建筑标准、低碳产业促进办法等规范生态城市开发建设的一系列规定。为保障生态城建设目标的实现,对生态城建设具有重要指导意义的26项指标实现了分解,形成了51项核心要素、129项关键环节、275项控制目标、723项具体控制措施以及100项统计方法的指标体系落实方案,逐一落实到节能减排、水资源利用、绿色建筑、绿色交通、可再生能源、垃圾处理等关键领域,使这些量化的指标成为城市规划和建设的重要依据,为生态城建设提供了一份可操作的"路线图"。此外,生态城制定并颁布了绿色建筑设计和施工标准,保障性住房政策以及社会管理新模式的研究也取得积极进展,形成了支持和保证生态城建设发展的法规、政策和标准体系。

三、中英"崇明东滩生态城"项目

2001年上海规划将崇明定为生态岛,明确"崇明是上海未来城市发展战略空间"。此后经过3年组织遴选和多轮国际招标,英国奥雅纳规划工程国际咨询公司与上海市规划院合作完成了《东滩控制性详细规划》,明确了将东滩建成全球首个可持续发展生态城。2005年11月在中国国家主席胡锦涛和英国首相布莱尔的见证下,中英双方签订了宏观合作协议,目标是把东滩建设成为全球首个生态城市。东滩生态城规划面积约86平方公里,其启动区面积为6.5平方公里,启动区人口约8万人定于2040年竣工。东滩生态城主要三大板块组成:24平方公里的国际湿地公园、27平方公里的生态农业园、35平方公里的生态城镇建设。

上海在积极筹备世博会期间,关注能效的提高与可再生能源的使用。崇明东滩的所有能源均来自风电等可再生能源;与紧邻的上海市区相比,东滩将力求人均水资源消耗减少43%,垃圾填埋减少83%,运输过程实现零排放。东滩生态城将有望成为世界上第一个碳中和(二氧化碳零排放)区域。在这座新城中,热能和电力将通过风能、生物质能、垃圾发电和城市建筑物上的太阳能光伏板直接获得;为满足燃料电池的需求,将建立全国第一个氢能电网;最高建筑仅有8层,建筑物采用环保技术,屋顶草坪和植物成为城区的天然隔热层,可储存雨水用于灌溉,一期建设区域每年可减少35万吨CO_2排放量;步行、自行车、燃料电池公交车、水上出租车,将是人们的出行方式,市内建有不受机动车干扰的独立的人行步道和自行车道网络,任何地方到附近公交车站步行不超过7分钟,一期建设区域每年可减少40万吨CO_2排放量;市区建立了集水、水处理与再利用系统;城区内80%的固体废弃物实现了循环利用。东滩生态城区最大的特点,在于它建立的将是一个低碳、节水、节能的生态系统。东滩将会给中国乃至东亚提供一种未来的模式——一种后工业时代可持续发展的城市建设模式,也是人类追求最高生活质量的发展模式。

四、其他城市的低碳行动

迈入新世纪以来,杭州深入实施"环境立市"战略,采取了建设生态市、健康城市和国家森林城市,创建全国绿化模范城市、国家环保模范城市,打造"国内最清洁城市",构筑"3+1"现代产业体系,实施西湖、西溪湿地、运河、市区河道等综合保护工程,推进节能减排,发展新能源产业,推广绿色建筑,打造以"免费单车"为特色的"五位一体"大公交系统,探索垃圾清洁直运的"杭州模式",规划建设中国杭州低碳科技馆等一系列举措,取得了积极成效。2009年12月28日,杭州在全国范围内率先打出"实施低碳新政,建设低碳城市"的口号,把"低碳"这个词纳入决策者的理念、经济发展、城市规划、建筑设计中,并将这种理念传达到每一个生活在这座城市居民的心中。至此,杭州市将以理念创新为先导,以技术创新为支撑,以制度创新为保障,以降低二氧化碳排放强度为主要标志,积极探索经济以低碳产业为主导、市民以低碳生活为行为特征、城市以低碳城市为建设蓝图,体现中国特色、时代特点、杭州特征的低碳发展道路,着力推进低碳经济、低碳建筑、低碳交通、低碳生活、低碳环境、低碳社会"六位一体"的低碳城市建设,确保杭州在低碳城市建设上走在全国前列。

2010年2月20日,江西省南昌市成为全国唯一一个被列为发展低碳经济试点的省会城市。南昌列入国家低碳经济试点城市后,将从指标设定、路径选择、技术标准、政策优化、项目推进等方面制定既与国际接轨又符合南昌实际的试点工作方案。根据实际情况,南昌市已经规划了四大低碳经济示范区,即红谷滩及扬子洲生态居住和服务业中心区、高新开发区生态高科技园区、湾里区生态园林区、军山湖低碳农业生态旅游区。

东北老工业基地城市吉林省吉林市于2008年被国家发改委选定作为低碳经济发展案例研究试点城市。2010年3月,吉林市被冠以"全国首个低碳城市标准适用案例"的称谓。2010年3月19日,中国社科院公布了评估低碳城市的新标准体系,中国至今还没有任何正式或官方的低碳经济评估标准,这是迄今首个最为完善的标准。该标准具体分为低碳生产力、低碳消费、低碳资源和低碳政策等四大类共12个相对指标。如果一个城市的低碳生产力指标超过全国平均水平的20%,即可被认定为"低碳"。吉林市成为适用此标准的首个案例,成为国内第一个被官方选为开展低碳经济方法学和低碳发展示范区研究的案例城市。由中国社会科学院、国家发改委能源所、英国查塔姆研究所和吉林大学这四家机构联合完成的《低碳计划》给吉林市描绘了一幅清晰的"低碳路线图"——首先,吉林市将依靠技术升级改造现有重工业生产设备;其次,发展可再生能源和低碳能源;另外,建筑节能、交通运输、农林业也将是低碳领域的投资热点。

无锡也有被冠以"首个"的头衔。2010年3月,《无锡低碳城市发展战略规划》获得由环保部、社科院等方面专家组成的评审团通过,成为国内首个被专家认可的低碳城市规划。作为"苏南模式"的典型代表,无锡的低碳转型代表了中国一大批东南沿海二三线城市的发展理想。建材、纺织、钢铁、化工等制造业和工业在多年以高耗能高污染的模式迅速发展至今,已然走到了十字路口。无锡的想法是,"新能源、新材料、环保产业、生物、工业设计和文化创意、软件及服务外包等六大战略性新兴产业""分别从低碳法规、低碳产业、低碳城市建设、低碳交通与物流、低碳生活与文化和碳汇吸收与利用六个方面推进无锡低碳城市建设"。在全国首个成立低碳城市发展研究中心,夺得第一个国家生态市创建资格,获江苏首个"国家森林城市"称号,省内独家夺得由联合国颁发的"09年全球绿色城市"桂冠,着手建立碳排放交易平台,首个慈善环保基金成立,率先联手全球最先进的外方合力打造世界一流的生态城……一系列围绕"低碳城市"目标展开的动作令人目不暇接！无锡,这座曾经历"蓝藻爆发事件之痛"的工业城市,正在国内率先全面探索发展低碳经济、建设低碳城市的新路径上疾速前行。

2010年7月,厦门市已在全国率先编制出台《低碳城市总体规划纲要》,将重点从占碳排放总量90%以上的交通、建筑、生产等三大领域探索低碳发展模式。根据规划,预计到2020年,厦门的单位GDP能耗在2005年的基础上下降40%,达到0.39吨标准煤/万元GDP,二氧化碳排放总量将控制在6864万吨。该规划的编制完成标志着厦门建设低碳城市已经从抽象的概念走向了具体的实施阶段。

第五节　国外低碳城市建设实践

低碳城市目前已成为世界各地的共同追求。目前,国外低碳城市发展的几种典型模式有:美国模式——低碳城市行动计划;英国模式——应对气候变化的城市行动;日本模式——低碳社会行动计划;丹麦模式——低碳社区;瑞典模式——可持续行动计划。

一、美国模式——低碳城市行动计划

在金融危机带来重组以及奥巴马政府策略的影响下,低碳、减排已成为美国大部分州政府的重要发展战略之一。美国的低碳发展政策发源于地方各州,通过区域合作提升影响力,才能进入联邦政府提案,逐渐扩展到联邦范围。当前的低碳发展区域政策主要分为东北、西部、中西三个范围。东北各州的区域温室气体行动(RGGI)项目于2009年1月份刚开始启动,约束的对象为发电能力超过25MW的发电企业,这些企业贡献了美国东北各州二氧化碳排放的95%。项目分为两个阶段,阶段目标分别为:2009—2014年保持排放量不变;2015—2018年每年排放量减少2.5%。该项目将根据每个州2000—2002年的排放水平,给各州分配排放配额。由加州政府牵头提出的西部气候行动(WCI)项目2012年开始实施,持续三年。该项目将对温室气体排放量大于25000t(等量二氧化碳)的设施进行约束——这些设施贡献了

WCI区域温室气体排放的90%。项目目标是2020年在2005年基础上减排15%。同期,中西部温室气体减排协议(MGGRA)也将上马,项目覆盖美国中部的大部分州和加拿大的曼尼托巴,主要针对大型工业设施和发电厂。项目目标是2020年排放量减少2005年的15%－25%;2050年减少2005年的60%－80%。

西雅图市是全美低碳城市的典范。美国是全世界温室气体排放量最大的国家,西雅图是美国第一个达到《京都议定书》温室气体减排标准的城市。从1990年到2008年,西雅图市碳排放量减少8%,低碳行动是他们成功的关键。西雅图形成了大企业带头,以西雅图气候合作项目为平台,城市各个部门共同参与的气候行动。主要包括以下内容:一是公众参与,二是家庭能源审计。西雅图以较低的审计成本来计算家庭以及企业办公室的碳排放。通过家庭能源审计希望达到三个目标:给众多失业的年轻人提供培训,让他们从事审计工作,从而创造一些新的就业岗位;通过家庭能源审计帮助家庭降低能源方面的支出;通过家庭的节约用电,关闭一些火电厂和燃油电厂。三是,阻止城市继续向外无限扩大,把重心重新放回中心城市建设。二战以后美国居民出行大量依赖汽车,市民上班越远,碳排放越高。西雅图的工作主要集中在两个重点领域:改善建筑物的能源效率;改善公交系统的效率,控制公共交通的碳排放。四是,积极改善电力供应结构。西雅图电力公司大量利用融雪等水利设施进行发电,另外还在华盛顿州东部地区投资风电厂。五是,第三方评估减排结果。为了评估整个城市到底减排了多少,西雅图政府每三年请第三方机构对减排结果进行评估,看是否达到了减排7%的目标。

西雅图在低碳城市建设中促进一些新兴产业的诞生和发展,非常具有建设性意义。首先,率先倡导绿色建筑,这为设计师、工程师、建筑工人等提供了大量就业机会。他们的专长、经验知识也可以与其他城市分享,从而给他们广阔的发展机会。其次,利用太阳能、地热、风能和潮汐能等可再生能源进行发电,替代以前的火电和燃油发电,这方面也可以创造很多的新的就业机会。第三,新材料、新技术的研发和应用也可以创造大量的就业机会。比如波音公司正在研制一种生物燃料来替代航油,这样可以大大降低整个民航业的碳排放,同时研发这些新技术以及应用也可以创造更多的就业。

二、英国模式——应对气候变化的城市行动

英国是低碳城市规划和实践的先行者。为了推动英国尽快向低碳经济转型,英国政府于 2001 年设立碳信托基金会(Carbon Trust),碳信托基金会与能源节约基金会(Energy Saving Trust)联合推动了英国的低碳城市项目(Low-carbon Cities Programme)。首批三个示范城市(布里斯托、利兹、曼彻斯特)在 LCCP 提供的专家和技术支持下制定了全市范围的低碳城市规划。城市规划重点在建筑和交通两个领域推广可再生能源应用、提高能效和控制能源需求,促进城市总的碳排放降低,各种措施的制定、实施和评估都以碳排放减少量为标准,同时强调技术、政策和公共治理手段相结合。

伦敦市在低碳城市建设方面更是起到了领跑者的作用。2003 年伦敦市控制市内私人汽车运行量,对入市中心的车辆征收 16 美元,伦敦市计划到 2010 年在市场上投放 10 万辆电动汽车。气候变化被纳入伦敦政策始于 2004 年颁布的《伦敦能源策略》。《策略》是关于如何在满足伦敦市民基本能源需要,克服燃油短缺前提下对本土和全球环境产生健康影响的方针政策。它也确认了,通过发展新的清洁技术实现可持续发展能源的框架是其对伦敦经济发展的重大贡献。《策略》制定了减低能源消耗和碳排放的目标,认识到为更好地理解气候变化而建立合作关系的必要性以及在伦敦实施低碳方案时如何克服机制及市场屏障。这促成了 2004 年《伦敦能源、氢与气候变化合作伙伴关系》的诞生,并于 2005 年宣布、2006 年正式成立伦敦气候变化署——一个负责落实市长在气候变化方面的政策和战略的市政府直属官方机构。

在英国,伦敦政府的地区规划有很大的自主权,因此修订《伦敦规划》时,规划框架必须将可持续发展、气候变化整合到伦敦的发展计划中。在最后的征询阶段,修订的《伦敦规划》要求实现可持续发展型设计和建筑,以碳为基础的节能型能源分层,分散式能源的清洁生产及使用 20% 当地可再生能源,同时还寻求垃圾回收、水资源管理的方法,以及应对气候变化所需采取的措施。《伦敦规划》将有力地保证伦敦今后的发展符合可持续发展及气候变化的标准。建立公平的竞争环境确保了竞争并非单一目的,而实际上推进伦敦地区有竞争力的、可持续型建设市场的发展。

伦敦市低碳城市建设有几个政策方向:①改善现有和新建建筑的能源效

益。推行"绿色家居计划",向伦敦市民提供家庭节能咨询服务;要求新发展计划优先采用可再生能源。②发展低碳及分散的能源供应。在伦敦市内发展热电冷联供系统,小型可再生能源装置(风能和太阳能)等,代替部分由国家电网供应的电力,从而减低因长距离输电导致的损耗。③降低地面交通运输的排放。引进碳价格制度,根据二氧化碳排放水平,向进入市中心的车辆征收费用。④市政府以身作则。严格执行绿色政府采购政策,采用低碳技术和服务,改善市政府建筑物的能源效益,鼓励公务员习惯节能。

前伦敦市长 Ken Livingstone 于 2007 年 2 月发表《今天行动,守候将来》(Action Today to Protect Tomorrow),计划二氧化碳减排目标定为在 2025 年降至 1990 年水平的 60%。同年伦敦市政府颁布了《市长应对气候变化的行动计划》(The Mayor's Climate Change Action Plan),在其不同的行动与方案中制订了许多具体措施和目标,致力于解决诸如绿色家园、商业、能源效率和运输等问题。《市长应对气候变化的行动计划》提出其减碳目标为在 2020 年 CO_2 排放在 1990 年水平上降低 26%—32%,2050 年降低 60% 来进行,并以此为依据制定了减排措施。

三、日本模式——低碳社会行动计划

作为《京都议定书》的发起和倡导国,日本提出打造低碳社会的构想并制定相应的行动计划。受地理环境等自然条件制约,全球气候变化对日本的影响远大于世界其他发达国家。面对气候变暖可能给本国农业、渔业、环境和国民健康带来的不良影响,日本政府积极应对气候变化,主导创建低碳社会。日本提出"低碳社会"理念,认为没有"低碳社会"就无法发展"低碳经济","低碳社会"遵循的原则是:减少碳排放,提倡节俭精神,通过更简单的生活方式达到高质量的生活,从高消费社会向高质量社会转变,与大自然和谐生存,保持和维护自然环境成为人类社会的本质追求。

2006 年 5 月 29 日,日本经济产业省编制了《新国家能源战略》,通过强有力的法律手段,全面推动各项节能减排措施的实施:

1. 实现世界最先进的能源供需结构。

2. 全面加强资源外交与能源环境合作:一是推行综合资源保障战略,广泛加强与资源国的关系,支持企业在资源国进行资源开发,实现供应来源多

样化等各种措施,在2030年之前将日本原油总进口量中本国企业权益下的原油交易量所占比重(自主开发比例)增加到40％。二是推进亚洲能源与环境合作战略,对中国、印度等能源需求急剧增长的亚洲国家开展节能、煤炭有效利用、生产安全、新能、核能等能源环保领域的战略合作。

3. 强化应急能力。

4. 制定能源技术战略。《新国家能源战略》提出从发展节能技术、降低石油依存度、实施能源消费多样化等6个方面推行新能源战略;发展太阳能、风能、燃料电池以及植物燃料等可再生能源,降低对石油的依赖;推进可再生能源发电等能源项目的国际合作。为了提高能源的利用率,日本制定了四大能源计划,其中之一就是节能领先计划,目标是到2030年,能耗效率通过技术创新和社会系统的改善,至少提高30％。为达到此目标的具体措施是,大力推进节能技术战略,制定不同部门的节能标准并实施评价管理。针对低碳社会建设,日本政府提出了非常详细的目标,即将温室气体减排中期目标定为2020年与2005年相比减少15％,长期目标定为2050年比现阶段减少60％—80％;2020年要使70％以上的新建住宅安装太阳能电池板,太阳能发电量提高到目前水平的10倍,到2030年要提高到目前水平的40倍。

东京政府于2007年6月发表一份名为《东京气候变化战略——低碳东京十年计划的基本政策》,详细介绍了东京政府对气候变化问题的开发和政策:东京政府不仅要减少温室气体排放,并且要针对日本政府无法带领该国提出应对气候变化的中长期战略,以身作则制定全方位减排政策。东京政府定下目标,要以2000年为基准,在2020年时减少25％的温室气体排放。低碳东京的基本政策有四个方面:①协助私人企业采取措施减少二氧化碳排放,推行限额贸易系统为企业提供多一种减排工具,成立基金资助中小企业采用节能技术;②在家庭部门实现二氧化碳减排,以低碳生活方式减少照明及燃料开支,大力提倡使用节能灯照明,要求居民放弃浪费电力的钨丝灯泡,与家装公司合作,提醒客户在翻新住房时采取节能措施,例如加装隔热窗户;③减少由城市发展产生的二氧化碳排放,新建政府设施需符合节能规定,要求新建建筑物的节能表现必须高于目前的法定标准;④减少由交通产生的二氧化碳排放,制定有利于推广使用省油汽车的规则。

四、丹麦模式——低碳社区

丹麦低碳城市发展的典型代表是低碳社区。低碳社区主要是从全球气候变化的影响和减少碳排放的国家能源政策目标出发,努力发挥地方政府在节能应用中的先锋作用,大多采取以低碳化节能示范性项目为先导进行社区节能实践。低碳社区一般遵守 10 项原则:零碳、零废弃物、可持续性交通、可持续性和当地材料、本地食品、水低耗、动物和植物保护、文化遗产保护、公平贸易以及快乐健康的生活方式。世界各国政府正在倾力应对油源不足与地球暖化的危机时,一股兴建"生态城"潮流已经兴起,丹麦的低碳社区就是最早建设的生态社区之一。丹麦 Beder 的太阳风社区(Sun & Wind Community)是由居民自发组织起来建设的公共住宅社区(Cohousing Community),竣工于 1980 年,共有 30 户。由于社区建设的构想来自于居民而非开发商,因此,居民能自发讨论商议,自始至终地参与社区的规划设计、建设全过程,在设计方案的审批和筹款等过程中也贯穿着他们的努力,在具体的建造及日常管理维护等方面也是由居民自发组织起来,与有关专业人员、政府部门及施工队一起共同讨论。居民主宰的装修及社区内的绿化由居民自己动手完成,居民的长期共同参与使社区充满人情味。该社区最大的特点就是公共住宅的设计和可再生能源的利用。公共住宅是指为了节约空间、能源、资源而建立的共用健身房、办公区、车间、洗衣房和咖啡厅的私人住宅或公寓。社区的名称"太阳风"就映衬了社区以太阳、风作为主要能源形式的特点,强调尽量使用可再生能源和新能源,降低能耗和节约能源,采用主动式太阳能体系。社区内约有 600 平方米的太阳板,这些太阳板主要设置在公共用屋和住宅上。公共用屋的地下有两个容量为 75 立方米的聚热箱,公共用屋的屋顶呈 45 度,是该地区收集太阳能的最佳角度。被加热的液体通过地下管道进入取热箱,然后热量再以热水和辐射热的形式通过地下管道进入居民住宅。太阳能满足了该社区 30% 的能量需求。居民还在离社区 2 公里左右的山坡上设置了 22 米高的风塔以获取风能,风能占该社区能量总消耗的 10% 左右。在公共用屋的地下室还设置了一个固体废弃物(主要是木料)焚化炉,在室外温度低于华氏 23 度时集中为居民供热。社区内一块菜园加强了区内的物质循环,增加自然景观的生产性,减少对外界资源的依赖,减少运输能耗。这种模式在能源使用过程中还强调节能降耗,最大限度减少温室气体的排放和保持社区的优美环境。

五、瑞典模式——可持续行动计划

可持续发展是瑞典政府内政外交的核心目标,其主要原则是当代人应为后代节约资源。为实现可持续发展,各级政府必须积极宣传和制定政策,每项决策都要平衡对经济、社会和环境的影响。瑞典在欧洲只能算是一个小国家,不过它从20世纪70年代起就有意将高碳经济转变为低碳经济,迄今三十多年,终于实现。瑞典是世界上最早实施可持续发展战略的国家之一,在解决环境问题时,瑞典不仅关注新能源开发利用,还会对人类社会对于环境的依赖行为进行研究,进而从国家经济状况、法律环境、社会环境出发,制定综合性的可持续发展方案。1997年瑞典新的国家预算启动了一项1998—2000年间耗资12.5亿瑞典克朗的可持续发展计划,其中包括由地方政府和地方组织启动的6亿瑞典克朗计划。资金主要用于在全国范围内建筑、交通和能源部门促进节约能源和再利用,使用可再生能源。同时首相还任命了由环境部长、教育部长、农业部长和财政部助理组成的"可持续发展委员会",负责审核投资项目和审核政府未来政策的趋向。瑞典地方政府最常用的政策是垃圾差别化收集税,有69%的自治市采用,以鼓励垃圾回收。另一项是绿色采购计划,约60%的自治市采用。76%自治市有专门地方拨款,但数目较小,平均每年每市约为36万瑞典克朗。许多瑞典城市在城市发展中采取市场化运作战略,在发展中解决高失业和工业结构调整等问题。如为改变特罗尔海坦市在大众心目中社会问题严重、缺乏生气的工业城市形象,市政府实施了绿色战略,即树立绿色城市形象吸引投资者。2004年,瑞典政府制定了本国可持续发展规划。以下四大战略目标是该规划的重点:建设可持续发展社区、促进全民健康、应对人口挑战、推动经济可持续增长。该规划涵盖了可持续发展的立体三维—经济、社会和环境。瑞典实施可持续发展的成就主要体现在社会经济持续发展的情况下,污染物排放大幅度减少,环境质量优异,自然资源和生态保护良好,已实现社会经济与资源环境的良性发展。

典型案例

河南:低碳让南阳城市更清新宜居

白河岸边,碧水与蓝天一线;独山脚下,云朵与碧树相绕;行走路上或游园游玩,随意抬头望,但见天蓝蓝、云飘飘,好一幅诗意的风景画。多日来,南阳城区里,蓝天白云频频映入你我眼帘。那通透的蓝,那纯洁的白,让灰色的城市森林,一时变得美丽而壮阔。

当享有蓝天白云越来越成为一种奢侈,当全球变暖越来越频繁地引发气候异常,南阳城区却在不断刷新首位度、宜居度的新刻度:从4月份在全省空气质量排名中以21天的优良天气位居第一,到如今不时出现空气质量达到"优"的一天,南阳,正散发出宜居宜业的迷人魅力。

最美不过蓝天白云。低碳发展、低碳生活,将让蓝天白云成为城市常态。

低碳发展,城市的抉择

城市犹如生命体,在快速推进的进程中也会出现病症。各种顽固的"城市病"让城市环境一再恶化,雾霾笼罩、污水横溢是其中最突出的症状。因此,低碳经济成为城市发展的选择。作为南水北调中线工程渠首和核心水源区,我市从战略高度对生态文明建设进行顶层设计和全面部署,牢固树立"绿山青山就是金山银山"的发展观,强力实施可持续发展战略,大力发展低碳经济,推进产业结构转型升级,不断提升生态优势和区域竞争力。深入实施"保护母亲河行动"、清洁家园行动,成功创建全国绿化模范城,同时坚持环境保护优化经济发展,推进落后产能淘汰,强化减排工程建设和减排监测体系建设,为经济的发展腾出了环境容量。

呼吸的空气是否清新,看到的天空是否蔚蓝,是市民对城市环境状况最直观的感受。今年4月份,我市的空气质量在全省18个省辖市和10个省直管县中名列第一,让市民欣喜地看到,南阳城市环境质量正在不断得到改善和提升。当前,我市正在全面实施"蓝天工程",集中整治重点排污企业、积极部署城区燃煤锅炉拆改和餐饮业油烟治理、组织开展城区扬尘污染专项整治、加强机动车管理和大气环境质量监测预警等,力保城市拥有一片蓝色天空。同时进行的"碧水工程",将确保一渠清水永续北送,让我们饮用的水更安全,还会让我们在不远的将来拥有一个水清、岸绿、景美、功能健全、人水和谐的水城景观和更加宜居的生态环境。

当城市选择了绿色发展、低碳发展，城市未来的生态环境就会越来越好，"蓝天白云"就会成为城市最为鲜活的形象名片。

低碳生活，我们的选择

要实现生态保护与经济发展的双赢，要留住城市上空的蓝天白云，不仅仅是政府的事儿，还涉及我们每一个人。环境的改变、气候的变化，其实和我们的生活息息相关，甚至与你怎么出行、怎么吃饭都有关联。低碳生活，应成为我们的首要选择。

有数据显示，如果你乘飞机旅行2000公里，你就排放了278千克的二氧化碳；如果你用了100度电，你就排放了78.5千克二氧化碳；如果你自驾车消耗了100公升汽油，你就排放了270千克二氧化碳……所以，对普通市民来说，选择低碳生活，就是在生活中尽力减少所消耗的能量，特别是二氧化碳的排放量，从而减少对大气的污染，减缓生态恶化。

步行、骑自行车还是开车？爬楼梯还是乘电梯？一面用纸还是双面用纸？少用空调还是常开空调？这些都是我们在选择低碳生活时要考虑的问题。让人欣喜的是，如今南阳城市中崇尚低碳生活方式的人越来越多，节油、节电、节气、节纸，适度地吃、用，少产生垃圾，他们从生活的点滴做起，形成了节约身边各种资源的好习惯。

天蓝水清，我所盼兮；空气清新，我所爱兮；绿色生态，我所愿兮。但当我们身陷"霾"伏，当我们强忍高温，当我们指责城市发展导致环境恶化的同时，不能忘了在节能减排和保护环境上、在留住蓝天白云的过程中，我们也责无旁贷。

珍惜每一滴水、每一度电、每一张纸、每一粒粮食，我们的家园就会越来越宜居，"蓝天白云"就会成为城市生活最美丽的背景。

（来源：《南阳日报》2014年7月24日）

思考与探索

1. 低碳城市建设要从哪几方面进行创新？
2. 为什么说低碳城市建设要因地制宜？
3. 国外有哪些典型的低碳城市建设案例？

第四章
节能减排与绿色消费

节能减排,简言之就是节约能源、降低能源消耗、减少污染物排放;而绿色消费与传统消费不同,绿色消费是以满足人的基本需求为中心,崇尚节俭、适度,是一种节约资源、减少污染、可持续的消费模式。近年来,国家高度重视节能减排资源节约工作,积极促进绿色消费,发展低碳经济。到2020年有望基本形成节约能源资源和保护生态环境的产业结构、增长方式和消费模式。消费方式反映消费者的消费特征、消费价值观、消费偏好与消费习惯。在实际消费生活中,它内在地通过消费偏好影响着消费者的消费选择,对不同消费品的选择必然引导着不同消费品的生产,从而不同的消费生活方式必然引导着不同的经济发展模式。

第一节 科技推进节能减排

改革开放以来,我国在经济社会发展各方面都取得了举世瞩目的伟大成就,但是我国的能耗远远高于世界主要发达国家。在这种情况下,大力发展低碳循环经济就成为贯彻落实科学发展观的突破口,成为解决资源、能源、环境矛盾的新途径,成为能否实现我国经济社会持续快速健康发展的关键。

现代科学技术是实现节能减排的基石,只有科技创新才能把节能减排的理念转化为实践。科技创新对于发展低碳循环经济起着非常重要的作用,专业技术人员要加大对循环经济创新技术的研究突破,以科技创新促进低碳循环经济的发展,需要社会各方共同努力。

要切实加大节能环保的投入,加强节能减排和新能源技术研发与推广,大力发展节能环保产业,积极培育三大循环经济,提高科技进步,促进经济社会可持续发展。应对国际能源危机,扩大内需,实现节能减排与经济平稳发展的双赢,是当前专业技术人员工作的首要任务之一。发展低碳循环经济是我国建设资源节约型、环境友好型社会的必由之路,是践行科学发展观的重要体现,也是《循环经济促进法》的刚性要求。

节能减排是当前我国发展低碳循环经济等绿色经济的重要环节。大力推进节能减排,积极开发新能源是贯彻落实科学发展,促进经济持续发展的重大举措。近年来,按照党中央、国务院的部署,全国各行各业迅速展开节能减排工作,纷纷出台了相应的行动计划和实施方案,形成全社会高度重视、集中推进节能减排的可喜局面。但是也应该清醒地认识到,节能减排工作面临的形势和挑战依然严峻:一是我国重大战略资源消耗对外依存度较大,生产方式及技术水平相对落后,环境污染与资源浪费问题比较突出,这种基本形势没有变。二是气候变化成为全球关注的焦点,对节能减排提出了更高的要求。三是国际经济环境不是很乐观,我国经济发展受到较大影响,国际石油、矿产等大宗商品价格大幅波动,我国出口增速减缓,相关产业发展面临较大困难,这无疑会影响到节能减排的进程。

为了保持经济平稳较快发展,党中央、国务院先后出台了扩大内需、产业调整和振兴等一揽子计划,并强调充分发挥科技支撑作用,强调在保增长的同时节能减排、开发新能源不能放松,这是扩大内需、培育新的经济增长点的有效手段。发展低碳循环经济、节能减排,必须大力倡导科技创新。国家科技部对节能减排和应对全球气候变化等科技重大领域进行了全面部署,加大了对节能与新能源汽车、可再生能源、循环经济、控污减排等重大技术的研发、示范力度,大力开发建设我国资源节约型、环境友好型社会所急需的技术、装备、产品。科技部对此投入的科研经费达到数百亿元,带动了地方政府及相关企业的科技投入上千亿元。

我国在节能减排、技术创新、示范推广方面取得了一系列成果。如以新能源、水资源综合利用、空气质量控制等先进技术为标志的科技创新成果。此外,科技创新推动了重污染行业污染减排从单治理到过程削减的转变。如我国大规模推广应用了自主研发的燃煤脱硫技术与装备,培育了新能源汽车、LED照明、光谱等新能源产业。

促进节能减排要充分发挥科技的支撑引领作用,要强调科技创新与经济节能相结合,当前工作与长远部署相结合,治本与治标相结合。因此要做好以下工作:一是组织制定低碳循环经济相关科技发展规划。节能减排、应对气候变化等重大课题已进入"十二五"循环经济发展规划框架。二是研发与推广新能源技术。推动以整体煤气化联合循环为代表的新能源技术创新与示范,促进我国能源结构调整,加快循环经济科技成果推广,推动传统产业的技术升级。支撑行业节能减排与产业技术升级,加快推动以大气污染减排为重点的环保科技产业发展。三是加强节能减排技术创新平台与联盟建设。重点支持建立一批产业技术创新与服务平台,加快推进以企业为主体、市场为导向、产学研相结合的技术创新与推广转化机制建设,如支持建立可再生资源产业技术创新联盟、环保企业创新产业联盟等。四是继续实施节能减排科技行动。节能减排是一项需要全民参与的事业,组织科研人员走进企业、走进基层,在各行各业广泛开展技术改造、技术创新,广泛普及节能减排科技知识,提升公民节能减排意识和能力,形成可持续生产消费模式。

第二节 提升节能减排效率的方略

中国自加入《京都议定书》后,高度重视主要由能源消费导致的温室气体排放问题,先后颁布了包括《中国应对气候变化国家方案》、《中国应对气候变化的政策与行动》等一系列政策性文件。特别是"十一五"以来,出台相关政策的频率更为密切,采取的措施也更为有力,包括2020年单位GDP二氧化碳排放比2005年降低40%—45%在内的多项节能减排目标和约束性指标已纳入到国家中长期规划和"十二五"规划中。但需要指出的是,影响和制约我国节能减排目标达成,特别是阻碍能源利用效率和二氧化碳排放效率进一步提升的因素依然很多。现阶段需要重点在把握地区固有属性差异、完善节能减排效率衡量指标、发挥技术进步功效等方面下功夫。

一、注重并坚持地区间节能减排的"共同但有区别"责任原则

"共同但有区别"责任原则在国际间二氧化碳减排方案的谈判中已广为各国所接受,这种原则应该也适用于我国节能减排目标在地区间的分解和落实。我国区域和地区间能源效率和二氧化碳排放效率都表现出很大的差异性,节能潜力与减排潜力也很不相同,减排成本更是如此。因此,在将节能减排的国家目标分解到各个省区时,要充分考虑到区域性、行业性的差异,甚至是企业的差异。如果论证不够,指标分解缺乏科学性与现实可能性,就容易导致某些地区或某些行业用高成本的方式来实现节能减排目标。在确定"十一五"节能减排目标时,一些省区由于科学认证不足,忽视"共同但有区别"责任原则,直接将单位 GDP 能耗降低 20% 作为需要完成的任务。例如,2010 年以来,为了完成过高的节能目标,山西、安徽、河北等地采取了如拉闸限电等非常规措施,造成了社会福利的极大损失。因此,今后在进行节能减排规划时,除了考虑目标的确定、责任的分配外,同时也要考虑目标和责任以何种方式去实现,力求通过优化实现途径达到降低全社会节能总成本的目的。

二、进一步发挥技术因素对节能减排效率的改善作用

这里的技术因素既包括与生产工艺、中间投入品以及制造技能等方面的革新和改进有关的"硬"技术,也包括涉及管理创新、制度创新、人员素质等因素的"软"技术。"硬"技术的进步对能源的高效利用和二氧化碳的减排体现在开发、转化、利用、储存等各个方面,"软"技术的进步则是有效使用"硬"技术的重要保障和拓展。为了充分发挥科技在节能减排中的引领和支撑作用,我国先后实施了节能减排科技专项行动和节能减排全民科技行动,"十一五"期间,国家科技计划累计安排节能减排研发项目经费超过了 100 亿元。尽管如此,"软""硬"两种技术并没有切实发挥对我国能源效率和二氧化碳排放效率改善的积极作用,且作用效果存在较大的差异性。因此,今后一方面要继续按照《国家中长期科学和技术发展规划纲要(2006—2020)》的要求,力争使我国全社会研究开发投入占国内生产总值的比例达到规划目标,同时注意提高有关能源和低碳领域 R&D(Research & Development)经费占全国 GDP 的比重;另一方面也需要特别注重"软"技术的培育和提高。

三、完善能源利用与二氧化碳排放效率的测度指标

目前普遍使用的总量指标和强度指标形式简单、易于操作,但不能反映真实的生产过程,也不利于地区间、特别是国际间的横向比较与追赶目标的设定。全要素能源效率指标和全要素二氧化碳排放效率指标考虑了资本、劳动力、能源等要素之间的替代作用,也考虑了实际生产活动中要素投入后除了 GDP 等期望产出外也伴随二氧化碳等非期望产出的现实。因此,有必要将全要素视角下的能源效率指标和二氧化碳排放指标作为现行的单位 GDP 能耗和单位 GDP 二氧化碳排放等单要素指标的重要补充,更全面地对不同地区间能源利用和二氧化碳排放状态进行科学评价,实现纵向和横向的多维度比较。在此基础上,应考虑在国家宏观层面、行业中观层面和企业微观层面建立一套完整的节能减排监控体系,全面监测能源利用和二氧化碳排放的状态与变化。

四、实施"能源援助计划"和"低碳援助计划"

能源是促进经济发展的重要投入要素,二氧化碳排放是经济发展的必然要求。在经济发展的不同阶段,对能源消耗和二氧化碳排放空间的需求是有所差异的,不同地区对节能减排的适应性更是不同。当前,我国能源效率和二氧化碳排放效率低的地方多属经济欠发达的中西部地区,这些地区能源消耗和二氧化碳排放数量相对较少,但却要承受相对较高的节能减排成本。因此,政府可考虑通过实施"能源援助计划"和"低碳援助计划"等方式加强对这些地区的直接投资和政策扶持,帮助其增强应对节能减排的适应能力。另外,政府也可以通过低息贷款、直接补贴和税收优惠等举措鼓励消费者购买高能效的低碳产品,并为农村地区和中低收入家庭完成从高耗能高排放产品到低耗能低排放产品的更换提供资金支持。

五、建立国际和地区间节能减排工作的交流会商制度

保障能源安全和应对气候变化是全球性的问题,关乎世界各国生存发展的共同利益,加强国际间的交流、对话与合作是必不可少的。对于我国而言,要在总体上落实节能减排目标、履行国际减排承诺,需要各个地区的共同努

力。而地区间在经济发展、产业结构、对外开放、资源禀赋等各个方面都存在很大的不同,导致了能源效率和二氧化碳排放效率在不同地区的巨大差异。东部高、中西部低,沿海地区高、内陆地区低的现象十分明显。因此,非常有必要建立单边或多边的区域间、省区间及各级节能减排主体之间定期或不定期的交流会商制度,互通彼此间提高能源利用水平和减少二氧化碳减排的新思路、新方法和新经验。

第三节 积极参与防治 PM2.5

PM2.5作为形成雾霾的主要污染物,成为公众热议的话题。PM2.5是指大气中直径小于或等于2.5微米的颗粒物,也称为细颗粒物。与较粗的大气颗粒物相比,PM2.5粒径小,富含大量的有毒、有害物质且在大气中的停留时间长、输送距离远,因而对人体健康和大气环境质量的影响更大。PM2.5来源十分复杂,既有燃煤、燃油机动车尾气,道路扬尘,建筑施工扬尘,工业粉尘,餐饮油烟,垃圾焚烧、秸秆焚烧直接排放的细颗粒物,也有空气中二氧化硫、氮氧化物和挥发性有机物,经过复杂的化学反应转化生成的二次细颗粒。

一、治理 PM2.5 要从实际出发

要充分认识到PM2.5是由近百种元素和上万种分子混合而成的粒子或是粒子束,千差万别的化学成分,随时间和空间的改变,其变异都很大,采用任何先进的监测仪器设备,都难以精确测量出PM2.5的浓度。故建议环保部门能从实际出发,不要硬性要求一个城市或一个地区需建多少个监测点,更不能在采购监测仪器设备时崇洋媚外,何况进口设备也还存在水土不服的情况,要给监测设备国产化留有发展空间。其次,要充分认识到大气污染是一个区域概念,如长江三角洲,或京津冀地区,通常在某个季节都会在同一个天气过程或气候条件的控制下,势必会互相产生影响。再加上PM2.5粒径比较小、传播距离远,周边传输对一个城市PM2.5的贡献率极高。为此,需要国家环保部门首先做好"顶层设计",进行统筹规划,制定出全局的解决方案,才能实现统一的区域环保目标。

二、PM2.5 监测要抓重点，细划分

各地现阶段公布的 PM2.5 监测数据，往往是一个城市或一个地区多个监测点的平均值，这些监测点通常分布于城市中心区、居民区、工业园区和公园内，甚至于郊外比较空旷的地方，看似具有较好的代表性，其实，这只能起到城市间或地区间环境空气质量的相互对比，并不能真实反映该城市的环境空气质量。沿海城市的环境空气质量在大多数时间里都要优于内陆城市，这并不意味着沿海城市就没有了细颗粒物污染源，而是独特的海洋性气候使得细颗粒物（PM2.5）不易久留。现有的监测结果业已表明，我国主要城市环境空气质量的好坏，几乎都得依赖大风吹刮、雨水冲刷。因此，建议各地环保部门将监测重点放到细颗粒物（PM2.5）排放集中的工业园区内，以及车水马龙的主城区内和尘土飞扬的建筑工地上，即强化对污染监控点的建设，而不是只停留在空气质量评价点、对照点和背景点的建设上，因为只有这些真实的数据才能唤起政府、企业和民众对环境空气质量的重视、责任和担忧，才算起到了监测 PM2.5 的真正作用。

三、完善 PM2.5 的监测设备

我国地级以上城市已按《环境空气质量监测规范（试行）》要求布设了 PM10 国控监测点，并形成了较为完善的监测网络。为此，建议在 PM10 监测点上增加监测细颗粒物（PM2.5）的仪器设备，既可以降低建设成本，又可以方便两者监测数据的比对、提高监测数据的质量，更适用于对城市环境空气质量的评价研究。此外，我国气象部门也建有 74 个 PM2.5 观测站（其中观测时间最长的已经积累了十几年的观测数据）、95 个 PM10 观测站和 73 个更精细化的 PM1 观测站，已经形成了一个比较完整的观测体系。况且，无论是监测 PM10 还是 PM2.5，还需要同时观测大气压力、温度和湿度等气象要素；而且在对城市环境空气质量评价研究时，更需要收集风速、风向等气象要素数据。为此，建议由环保部门联合当地气象部门共建本地区的环境空气质量监测点，以便优化监测点布局，节省监测资源，共享监测数据。

四、尽快出台 PM2.5 监测仪器认证/指定程序

国际上目前用于监测环境空气颗粒物的分析方法不仅有自动监测的微

量振荡天平法、β射线法、光学法、电荷法和压电晶体法,还有手工监测的重量法等,由于各种监测仪器的测量原理各不相同,且又会受到海拔高度、空气温度和湿度,以及大气压力的影响,都会存在不同程度的测量误差;即使是同一厂商、同一类型的监测仪器,也会存在系统误差,需要规定统一的校正方法,才能提高监测数据的准确度和可比性。然而,国内目前已经运行的PM2.5自动监测仪器,不仅品种类型多,运行维护成本大,而且对监测数据的质量也难以控制,影响监测数据的公信力和可比性。为此,建议尽快出台PM2.5监测仪器认证/指定程序,针对我国现阶段PM2.5浓度高、化学成分复杂的现状,尽可能从降低购置和运维成本,以及技术性能稳定、可靠等方面考虑仪器选型,防止在原产国没有通过认证的监测仪器设备进入我国市场。同时,建议同一地区尽可能选用同一类监测仪器设备,便于监测数据的对比和运行维护。此外,还应抓紧修订《环境空气质量监测规范》(试行)或《环境空气质量自动监测技术规范》,补充有关针对PM2.5监测的技术要求和数据质量控制措施,明确规定以重量法作为监测PM2.5的基准方法。要求无论采用何种自动监测仪器测量环境空气颗粒物,都应定期与称重法进行比对,且两者的误差范围须在允许的测量精度内。否则,应及时将自动监测仪器设备送国家权威计量部门检测、校正,以确保自动监测仪的测量精度。

五、制定行之有效的减排措施

各地当务之急不应该只是监测,更要提出并实施行之有效的减排措施。要进一步加大煤改电、煤改气的力度,推广清洁能源;还要加大老旧机动车更新的力度,减少一氧化碳、氮氧化物和碳氢化合物等污染物排放量;更要抓好建筑工地的扬尘控制。无论是工厂排放还是汽车尾气排放,都应当实行更严格的排放标准。大量研究表明,减少机动车尾气排放是改善城市环境空气质量的最有效办法。为此,应在PM2.5污染比较严重的城市,通过政策杠杆调控小汽车数量的爆炸式增长或增加在主城区内用车的成本。一些城市因财政补贴负担重等原因,只能分期分批淘汰老旧机动车。建议通过减少PM2.5监测点,以及把计划引进国外昂贵监测仪器设备改为使用廉价国产设备,甚至采用原PM10监测点的数据转换为PM2.5的简易方法等,将节省的资金用于补贴加快老旧机动车淘汰的进程,务实地从源头上减少产生PM2.5的源。只要排放减少了,污染物浓度自然会降低,环境空气质量状况才能真正得到改善。

第四节 雾霾的治本之策是能源革命

2014年6月13日,国家主席习近平主持召开中央财经领导小组第六次会议,研究中国能源安全战略,并提出推动能源消费、能源供给、能源技术和能源体制四方面的"革命"。官方此前曾一度使用"革新"一词描述能源战略的调整,此番使用"革命"一词,意味着中国能源战略将出现根本性的重大变化。在当前形势下,既要治理日益严重的雾霾污染,又要确保中国能源安全,因此必须进行一系列重大改革,不能只是象征性地治理。

一、通过能源革命根本性治理雾霾

中国经济快速发展的30年,能源保障主要是依靠增加燃煤和石油来支撑,多数城市尾气排放标准值还相对于欧Ⅲ,只有北京将要实施国Ⅴ,这就是当前中国雾霾问题的症结。

有人指出,解决PM2.5问题要依靠发展可再生能源。这与适应气候变化要求而推进能源转型是一致的,但没有切中时弊。预计到本世纪中叶,世界和中国的一次能源构成中清洁的非化石能源,即核能和可再生能源占比将达到50%左右。但这是一个长达40年的过程,中国解决PM2.5问题不可能等待那么久。实际上,中国只要在今后10到20年里补上发展天然气比世界晚了30年这笔账,使天然气在一次能源构成中占比从目前的4%提高到接近20%,中国就能够像发达国家一样实现城市蓝天白云、洁净空气的目标。

但是,只靠发展核能与可再生能源能够解决PM2.5问题吗?答案是否定的。因为绝大多数的核能与可再生能源是通过发电来利用的,并不适于做燃料。而中国现阶段终端用能中工业和建筑物耗能占80%,其中大部分是燃料,是不可能用可再生能源替代的。近10-20年内依靠加速发展和优化利用天然气冷热电联供替代燃煤是唯一切实可行的途径。

快速发展天然气不仅是解决PM2.5问题和减少碳排放的关键,更是保障当前经济持续快速发展的能源需求的重要举措。这是因为当前城镇化是中国经济增长方式转型的重点,上千个大城市周边新开发区和农业地区新的中心城镇,既是增量经济主要所在之处,也是新增耗能所在之处。利用这个空前绝后的历史机遇,在这些新区采用昼开夜停、协同电网调峰的天然气冷热电联供能源系统(DES/CCHP),能效达到70%以上,就能够解决新区以天然气经济地替代煤、提高能效、保证供应等问题。这是比PM2.5和向低碳能源转型更紧迫、更现实的问题。

同时,越来越严格的尾气排放标准固然能够一定程度上降低污染物的排放,但也需要付出越来越高昂的油品加工费用。治本之策是交通运输能源的低碳多元化,逐步以天然气、电、生物质和煤基清洁燃料替代汽柴油。

上述治理雾霾的根本之策在中国都具备了"起飞"的条件和动力。只要政府在规划、政策、法律、规范等方面适时跟进,积极、引导和支持,中国十几年后就能够完成发达国家历经三四十年才实现的治理雾霾的目标。

二、治理雾霾要进行能源革命,也要注意能源安全

新地缘政治背景下,能源安全再受关注。从高层数次召集的能源战略会议和颁布的文件中,可以清晰看出,清洁能源使用、减少能源总量消耗和碳排放;能源回归商品属性,推动能源体制改革是未来很长一段时间内中国能源革命的方向。

由此,煤炭清洁使用、核电、新能源以及油气进口产业链都将迎来发展机遇。

2014年6月16日,中国社科院在京发布的《世界能源蓝皮书:世界能源发展报告(2014)》亦指出,中国能源安全面临严峻挑战,要改变"安全=加大供应",即"粗放供给以满足过快增长的需求"的习惯思维,转为"安全=效率",即"以科学供给满足合理的需求"的观念。

中国能源安全问题,主要体现在能源供应与经济发展模式和环境保护之间存在着突出矛盾。因此要推广节能技术。能源安全很大程度上是石油安全,降低石油对外依存度以及煤炭的消耗,就需要大力发展新能源。2014年6月13日的中央财经领导小组第六次会议中,国家主席习近平特别强调要抓紧启动东部沿海地区新的核电项目建设。

在国际能源安全方面,蓝皮书报告称,世界能源博弈面临新一轮洗牌,俄罗斯向东寻找突破口,欧洲调整能源供应链结构,美国在中东地区收缩,同时有望出口页岩气。供应和需求均呈现多元化、多极化格局,有助于世界能源价格理性化。中国在多方角逐中能源战略的发展余地更多,能源博弈主动权增大,同时也提高了我国与东亚诸国的能源合作可能性。

第五节 绿色消费的涵义

绿色,是充满希望的颜色,代表生命,代表健康和活力,代表人类生活与大自然的和谐,有益于身体健康,环境优美。国际上对"绿色"的理解通常包括生命、节能、环保、可持续性等要点。

一、绿色消费的概念

所谓绿色消费,就是以保护消费者健康为主旨,符合人的健康和环境保护标准的各种消费行为和消费方式的统称。绿色消费,包括的内容非常宽泛,不仅包括绿色产品,还包括物资的回收利用,能源的有效使用,对生存环境,对物种的保护等,可以说涵盖生产行为,消费行为的方方面面。它主要是指在社会消费中,不仅要满足我们这一代人的消费需求和安全、健康,还要满足子孙后代的消费需求和安全、健康。它有三层含义:

第一,倡导消费者在消费时选择未被污染或有助于公众健康的绿色产品。

第二,在消费过程中注重对垃圾的处置,不造成环境污染。

第三,引导消费者转变消费观念,崇尚自然、追求健康,在追求生活舒适的同时,注重环保、节约资源和能源,实现可持续消费。

二、绿色消费的产生背景

绿色消费的产生,要从人类经济发展的问题谈起。人类的经济发展,本质上就是与地球大自然系统的物质变换的过程,人类不断地从自然取得物质资料,以满足自己的需要,尔后又不断将废物排放到自然,经过自然的"净化"作用,重新转化为自然物质。人类出现以来,就是不断地从自然获取物质资料,逐渐积累,终于达到了今天巨大的物质文明。没有自然资源,人类社会经济、文明的发展是不可思议的。

但是,自然资源并不是无限的。人类与自然的物质变换过程,必须建立在平衡的基础上。一方面,人类向自然取得物质资料,要以自然的再生产能力为前提,而自然界许多资源本身是不可再生的,对于这些资源,就不能过快地将其耗尽;另一方面,人类将排出物返还自然,要以自然的"净化"能力为限,否则,就只能是对环境的污染。由于人类的过度开发,这种不平衡就不断地出现了。马克思在《资本论》中讲到资本主义大工业和城市的发展所产生的影响时曾经指出:大工业"一方面聚集着社会的历史动力,另一方面又破坏着人和土地之间的物质变换,……从而破坏土地持久肥力的永恒的自然条件"。如今,这种情况果然严重地摆在人们面前,使人在不能不考虑自己的行为到了该改变的时候了。

"绿色"观念的逐步形成。1962年,美国海洋生物学家蕾切尔·卡逊经过4年时间,调查了使用化学杀虫剂对环境造成的危害后,出版了《寂静的春天》(Silent Spring)一书。在这本书中,卡逊阐述了农药对环境的污染,用生态学的原理分析了这些化学杀虫剂对人类赖以生存的生态系统带来的危害,指出人类用自己制造的毒药来提高农业产量,无异于饮鸩止渴,人类应该走"另外的路"。1968年3月,美国国际开发署署长W·S·高达在国际开发年会上发表了"绿色革命——成就与担忧"的演讲,首先提出了"绿色革命"的概念。从此,"绿色"一词就越来越多地出现在人们面前。1971年,加拿大工程师戴维·麦克塔格特发起成立了绿色和平组织。1972年罗马俱乐部提出"成长的极限",报告提醒世人重视资源的有限性和地球环境破坏问题。以后,越来越多的人们认识到人类应该将自己与自然环境和社会环境协调起来,寻求生态、能源、人口三者协调、健康发展,与大自然和谐共处,建立一个环境优美的"绿色文明"。"绿色消费"就是在这一"绿色运动"中提出来的。

三、如何发展绿色消费

绿色消费是以适度消费、避免或减少对环境的破坏、崇尚自然和保护生态等为主要特征的新型消费模式,是生态文明建设的重要组成部分。发展绿色消费有利于改善自然生态环境和推动绿色经济发展,是实现经济社会可持续发展的重要举措。

（一）完善绿色消费的经济政策

按照市场经济原则，通过国家或地方立法，完善补充有利于推进绿色消费的市场准入、税收优惠、财政补偿、金融投资等方面的经济政策。开征收环境税、补贴和反补贴等选择性的激励奖罚机制，促进企业降低环境成本，鼓励企业采用绿色技术，扩大绿色产品生产；加强对绿色产品的检验监督和对绿色产品生产厂家的抽检、监控；限制污染严重的产品的生产，通过法律对环境进行保护，大力扶持绿色产业的发展和绿色产品开发；进一步强化市场监督，积极开展绿色认证，加大对"仿绿色"产品或假冒伪劣产品的依法打击力度，消除假冒伪劣产品对资源的浪费和对绿色产品的侵权，规范绿色市场秩序，优化绿色消费政策环境。

（二）倡导绿色消费的理念

消费需求源于消费理念，大力发展绿色消费，需要让人们养成绿色消费的理念。应强化宣传教育作用，使广大消费者更好地了解相关绿色法规和绿色消费重要性，树立崇尚绿色、环境友好的伦理价值观念，形成发展绿色消费、建设环境友好型社会的浓厚社会氛围，引导人们改变原来的生产生活方式，推动绿色消费尽快走进消费者的生活。

（三）提高绿色产业的产品质量

大力发展绿色消费，产品的供给是前提，质量是根本。要在生产源头上严格认定把关，规范生产程序和环保要求；在生产技术上加大科技力量的投入，提高绿色产品的科技含量，开发更多的绿色产品；在市场监管上加大扶优治劣，加大处罚力度。同时建立健全绿色消费的社会监督机制，维护公众的知情权、参与权和监督权，多管齐下共同保障绿色产业的产品质量。

（四）拓宽绿色产业的范围

随着生态文明建设的推进和人们生活质量的提高，绿色消费的适用领域和范围也有了新的扩展。如从单一绿色食品消费发展到居住环境、装修建材、噪音污染等生态建设方面。因此，应在继续发展传统消费领域的同时，进一步拓宽绿色消费领域。比如在城乡开展创建"绿色社区"、"绿色医院"、"绿色学校"等活动，积极建设人与自然和谐的生态社区，形成经济可持续发展的生态良性循环区域，努力满足城乡居民对居住环境的绿色消费要求。而基于拓宽绿色产业范围的需要,应放宽市场准入,增加市场竞争主体,充分发挥市场配置资源的基础作用,激发市场竞争主体发展绿色产业的活力。

(五)增加收入,提振绿色消费信心指数

消费需要支出,发展绿色消费关键需要手中有可支配收入。因此,不断提高人们的收入水平,增加可支配收入;加快住房、医疗保障和教育及其他福利制度的改革,健全社会保障体系,解除消费后顾之忧;建立社会信用体系,积极发展消费信贷拓展消费空间;合理调整国民收入分配结构,提高城乡居民收入水平,完善消费环境,等等。这些措施均能提振人们绿色消费的信心,有利于绿色消费的大力发展。

第六节 建立绿色消费模式

绿色消费概念是针对经济发展中出现的不可持续危机提出来的。人类对自然的掠夺和破坏,与人类的消费方式密不可分。马克思认为,消费不仅是生产的终点,也是生产的起点;消费不但实现生产,而且反过来促进生产,同时也影响交换和分配。消费的重要地位,决定了人类要摆脱不可持续发展的危机,必须从改变导致对自身生存环境破坏的消费模式开始。于是,绿色消费概念应运而生。

一、绿色消费模式的基本内涵

绿色消费模式是指在节约资源的基础上,能实现人与自然环境协调发展的消费活动,是一种以有益健康和保护生态环境为基本内涵,符合人的健康和环境保护标准的具有生态意识的各种消费行为和消费方式的统称。它是一个涉及经济、社会、技术、文化、政治等多方面的系统工程。既需要发挥政府的主导作用,也需要企业、消费者以及社会各界的通力合作,才能达到预期的效果。发展绿色消费模式,进而优化消费结构,不仅可以更好地满足居民的需要,而且可以带动绿色产业的发展,促进产业结构的升级优化,形成生产与消费的良性循环。因此,我国目前建立绿色消费模式,是与转变经济发展方式,坚持科学发展的现实需要相契合的。

二、发展绿色消费,消费意识是前提

作为消费的主体,消费者只有建立了绿色消费的观念,才可能采取绿色消费的行为。绿色消费观念的形成离不开政府的引导,一是要引导居民增强绿色消费观念,针对不同层次的对象,采取不同方式进行不同内容的教育培训,以提高全民的环境意识和绿色消费知识水平,增强全社会的绿色消费意识;二是要引导居民改善绿色消费预期,比如对生活垃圾实行分类袋装、计量收费制度,形成"资源有价、污染付费"的消费预期,使城乡居民形成资源节约和环境友好的生产和消费方式;三是要引导居民优化绿色消费结构,尽量减少使用、消费涉及生态资源的产品,以有计划地保护和使用我国稀缺的生态资源,如水、森林等,建议政府出台一系列绿色消费资助政策,诸如绿色产品信贷优惠、绿色消费补贴等,引导居民消费结构向低碳、节能、可再回收的方向发展。

三、发展绿色消费的关键是发展绿色产品

发展绿色消费,改善供给是必要条件,亦即要有绿色产品的生产和营销。从政府的角度,应加大对企业绿色产品研发的支持力度,比如制订绿色产业总体发展规划,公布当地重点支持的绿色产业,为其提供资金和技术支持,引导企业和金融机构增加对绿色产业的投资,提高企业的科研与开发能力,并促进绿色技术的引进和推广。再比如,在财政上实行差别税率,对绿色产品生产企业给予税收减免等优惠政策,而对于高能耗高污染企业开征环境税和污染税,对有害于生态环境的产品征收附加税。政府应支持建设一批绿色产品生产基地,发展绿色产业,开发绿色产品。比如绿色农业、新能源产业、生态旅游等等。从企业的角度来看,应完善绿色产品营销渠道,以提高绿色产品市场占有率,扩大绿色产品销售量。

四、发展绿色消费,离不开政府的有效管理

绿色消费是一个新生事物,政府有效的行政管理行为,可以加大非可持续性消费的成本,并使绿色消费行为的收益增加,从而引导企业和个人自觉放弃传统的生产和消费模式,主动采取绿色消费模式。首先,政府应创新绿

色消费机制,比如构建绿色消费综合评价体系,逐步取代传统的以 GDP 为核心的政府绩效评价体系;建立环境责任的经济担保制度;推行"碳足迹"标示制度,逐步降低产品中的碳排放总量等等,通过建立新的机制来规范和引导人们的绿色消费行为。其次,应依据自然资源条件、市场供求状况、政府产业政策等,重点培育若干绿色消费热点,带动绿色消费的发展。当前的重点应是大力发展绿色食品消费、大力发展清洁能源消费、扩大电动汽车消费、扩大节能环保家电消费。第三,应加强绿色产品的质量监管,既包括加强对绿色产品生产的监督与管理,督促和鼓励企业设计和开发绿色消费品,也包括强化对销售市场的监督和管理。此外,还需要加强绿色消费的舆论监督,充分发挥媒体、公益组织和居民团体等社会机构的舆论监督作用,形成推动绿色消费的公众合力。

建立一个完善成熟的绿色消费模式将是一个长期的过程。从长远来看,绿色消费作为一种相对于传统工业文明的新的文明观、发展观和发展模式,应由政府通过教育、文学、艺术和科学技术等的支持和协助,开展长期的宣传教育活动,在民众中灌输和普及。政府还应当加强相关法律制度的建设,比如,建立绿色消费教育制度,完善绿色标志制度,完善政府绿色采购制度,建立绿色消费监测制度,等等。同时,要大力提高居民收入水平,努力实现收入分配合理化,为绿色消费提供良好的收入条件。此外,通过优化区域产业结构,实现产业联动发展,建立区域经济与社会统筹协调的综合政策体系,促进区域协调发展;通过完善排污权交易市场建设,建立绿色税收体系,实现企业生态成本内部化,也是建立绿色消费模式所不可忽视的战略之举。

典型案例

陕西:精细管理 节能减排 大唐芙蓉园引领绿色旅游

进入盛夏,受持续高温以及陕西电网东南断面的影响,西安今夏用电形势较为紧张。与此同时,古城也迎来了较为严重的夏季伏旱,降雨较多年同期偏少 5 成左右,城市供水受到一定程度影响。为此,西安市已于近日启动Ⅳ级防抗干旱预案以及有序用电预案。

文化旅游,生态先行,大唐芙蓉园紧跟形势,将绿色旅游、节能减排意识贯彻在精细化管理中。从办公室人走灯关到照明设施科学管控,从拒绝空调过度低温到科学合理有序用电……全面贯彻落实节能减排措施,让大唐芙蓉园的美景"减耗"不"减美"。

园区在设计时为了突出夜晚景观照明效果,原使用的景观灯设施主要采用的是传统高能耗光源,导致园区景观照明的总功率接近2000千瓦,能耗巨大。考虑到节约能源,景区在保证景观灯光照效果的基础要求上,采取多项措施降低能源消耗——大品牌低耗节能LED灯具逐步替换老旧的高耗能光源,在节约用电的同时营造出更柔和浪漫的光影效果;改造大功率动力系统,将园区中央空调及热水循环系统,由原来的工频控制改为变频控制;深夜关闭部分区域路灯,以景观灯代替照明,并在不影响景观效果的前提下,将园区部分景观灯分批关闭等等,这些措施每年将助景区节约用电约60万度。

除了节约用电,做为拥有大型精致水上景观的芙蓉园还在合理用水、科学用水方面做出有力举措:例如将全园绿植灌溉浇水改为大湖水浇灌;园内唐市、九天门、仕女馆、陆羽茶社水上景观改为大湖水补水;充分利用园区芙蓉湖自有水资源以及节能净化设备,进行二次利用水循环,每日节约自来水超过400吨。另外,在园区卫生间粘贴提示语,提醒游客朋友节约用水,杜绝跑、冒、滴、漏现象的发生,帮助游客增强节能意识。

作为5A级国家景区,大唐芙蓉园不仅在实现节能减排方面敢为人先,更在全面实施绿色发展规划,本着"环境友好、资源节约、自主创新"的原则,进一步在能量系统优化、建筑节能、节能监测等方面做出提升,未来将实现整体节能系统。

(来源:华商网2014年8月1日)

思考与探索

1. 以科技推动节能减排的方法措施是什么?
2. 为什么说能源的治本之策是能源革命?
3. 国际上定义绿色消费的三层涵义是什么?

第五章 循环经济概论

党的十八大报告提出:"要适应国内外经济形势新变化,加快形成新的经济发展方式,把推动发展的立足点转到提高质量和效益上来,着力激发各类市场主体发展新活力,着力增强创新驱动发展新动力,着力构建现代产业发展新体系,着力培育开放型经济发展新优势,使经济发展更多依靠内需特别是消费需求拉动,更多依靠现代服务业和战略性新兴产业带动,更多依靠科技进步、劳动者素质提高、管理创新驱动,更多依靠节约资源和循环经济推动,更多依靠城乡区域发展协调互动,不断增强长期发展后劲。"

国务院颁布的《"十二五"循环经济发展规划》提出,"发展循环经济是我国经济社会发展的重大战略任务,是推进生态文明建设、实现可持续发展的重要途径和基本方式"。目前,中国正面临着跨越发展的重大历史机遇期,随着工业化和城镇化进程的不断推进,资源能源短缺与生态环境脆弱的形势将更加严峻,推进循环经济发展,对于有效缓解我国资源环境压力、促进经济发展方式转变、推进生态文明建设具有重要意义。

第一节 循环经济的涵义

循环经济就是在物质的循环、再生、利用的基础上发展经济。是一种建立在资源回收和循环再利用基础上的经济发展模式。其原则是资源使用的减量化、再利用、资源化再循环。其生产的基本特征是低消耗、低排放、高效率。

一、循环经济的定义

所谓循环经济,即在经济发展中,实现废物减量化、资源化和无害化,使经济系统和自然生态系统的物质和谐循环,维护自然生态平衡,是以资源的高效利用和循环利用为核心,以"减量化、再利用、资源化"为原则,符合可持续发展理念的经济增长模式,是对"大量生产、大量消费、大量废弃"的传统增长模式的根本变革。

循环经济,它按照自然生态系统物质循环和能量流动规律重构经济系统,使经济系统和谐地纳入到自然生态系统的物质循环的过程中,建立起一种新形态的经济。循环经济是在可持续发展的思想指导下,按照清洁生产的方式,对能源及其废弃物实行综合利用的生产活动过程。它要求把经济活动组成一个"资源—产品—再生资源"的反馈式流程;其特征是低开采,高利用,低排放。

二、循环经济的基本特征

传统经济是"资源—产品—废弃物"的单向直线过程,创造的财富越多,消耗的资源和产生的废弃物就越多,对环境资源的负面影响也就越大。循环经济则以尽可能小的资源消耗和环境成本,获得尽可能大的经济和社会效益,从而使经济系统与自然生态系统的物质循环过程相互和谐,促进资源永续利用。因此,循环经济是对"大量生产、大量消费、大量废弃"的传统经济模式的根本变革。其基本特征是:

1. 在资源开采环节,要大力提高资源综合开发和回收利用率。
2. 在资源消耗环节,要大力提高资源利用效率。
3. 在废弃物产生环节,要大力开展资源综合利用。
4. 在再生资源产生环节,要大力回收和循环利用各种废旧资源。
5. 在社会消费环节,要大力提倡绿色消费。

三、循环经济的基本原则

"3R原则"是循环经济活动的行为准则,所谓"3R原则",即减量化(reduce)原则、再使用(reuse)原则和再循环(recycle)原则。

(一)减量化原则

要求用尽可能少的原料和能源来完成既定的生产目标和消费的。这就能在源头上减少资源和能源的消耗,大大改善环境污染状况。例如,我们使产品小型化和轻型化;使包装简单实用而不是豪华浪费;使生产和消费的过程中,废弃物排放量最少。

(二)再使用原则

要求生产的产品和包装物能够被反复使用。生产者在产品设计和生产中,应摒弃一次性使用而追求利润的思维,尽可能使产品经久耐用和反复使用。

(三)再循环原则

要求产品在完成使用功能后能重新变成可以利用的资源,同时也要求生产过程中所产生的边角料、中间物料和其他一些物料也能返回到生产过程中或是另外加以利用。

四、循环经济的主要体现

循环经济作为一种科学的发展观,一种全新的经济发展模式,具有自身的独立特征,专家认为其特征主要体现在以下几个方面:

(一)新系统观

循环是指在一定系统内的运动过程,循环经济的系统是由人、自然资源和科学技术等要素构成的大系统。循环经济观要求人在考虑生产和消费时不再置身于这一大系统之外,而是将自己作为这个大系统的一部分来研究符合客观规律的经济原则,将"退田还湖"、"退耕还林"、"退牧还草"等生态系统建设作为维持大系统可持续发展的基础性工作来抓。

(二)新经济观

在传统工业经济的各要素中,资本在循环,劳动力在循环,而唯独自然资源没有形成循环。循环经济观要求运用生态学规律,而不是仅仅沿用19世纪以来机械工程学的规律来指导经济活动。不仅要考虑工程承载能力,还要考虑生态承载能力。在生态系统中,经济活动超过资源承载能力的循环是恶性循环,会造成生态系统退化;只有在资源承载能力之内的良性循环,才能使生态系统平衡地发展。

循环经济是我国推进产业升级、转变经济发展方式的重要力量,同时也是我国实现节能减排目标的重要手段之一。

(三)新价值观

循环经济观在考虑自然时,不再像传统工业经济那样将其作为"取料场"和"垃圾场",也不仅仅视其为可利用的资源,而是将其作为人类赖以生存的基础,是需要维持良性循环的生态系统;在考虑科学技术时,不仅考虑其对自然的开发能力,而且要充分考虑到它对生态系统的修复能力,使之成为有益于环境的技术;在考虑人自身的发展时,不仅考虑人对自然的征服能力,而且更重视人与自然和谐相处的能力,促进人的全面发展。

(四)新生产观

传统工业经济的生产观念是最大限度地开发利用自然资源,最大限度地创造社会财富,最大限度地获取利润。而循环经济的生产观念是要充分考虑自然生态系统的承载能力,尽可能地节约自然资源,不断提高自然资源的利用效率,循环使用资源,创造良性的社会财富。在生产过程中,循环经济观要求遵循"3R"原则:资源利用的减量化原则,即在生产的投入端尽可能少地输入自然资源;产品的再使用原则,即尽可能延长产品的使用周期,并在多种场合使用;废弃物的再循环原则,即最大限度地减少废弃物排放,力争做到排放的无害化,实现资源再循环。同时,在生产中还要求尽可能地利用可循环再生的资源替代不可再生资源,如利用太阳能、风能和农家肥等,使生产合理地依托在自然生态循环之上;尽可能地利用高科技,尽可能地以知识投入来替代物质投入,以达到经济、社会与生态的和谐统一,使人类在良好的环境中生产生活,真正全面提高人民生活质量。

(五)新消费观

循环经济观要求走出传统工业经济"拼命生产、拼命消费"的误区,提倡物质的适度消费、层次消费,在消费的同时就考虑到废弃物的资源化,建立循环生产和消费的观念。同时,循环经济观要求通过税收和行政等手段,限制以不可再生资源为原料的一次性产品的生产与消费,如宾馆的一次性用品、餐馆的一次性餐具和豪华包装等。

第二节 发展循环经济的着力点

近年来,我国经济发展迅速,广大人民物质生活水平日益提高,但与此同时,环境污染、生态恶化、资源危机等一系列问题也严重影响了人们的日常生活与健康。加之我国人口数量多、人均资源占有量少的基本国情,使得解决资源与环境问题变得更加迫切。作为发展中国家,在注重经济发展的同时,应该节约使用能源资源、提高能源资源的利用效率、大规模开发和使用清洁的可再生资源,实现对资源的高效、循环利用,推动能源利用方式的根本转变。由此,我国政府提出了大力发展循环经济、努力推进生态文明建设的方针政策。

循环经济本质上是一种生态经济,响应了可持续发展的战略思想,以减量化、再利用、再循环的 3R 原则作为基本原则,是改变粗放经济发展方式,使得产业结构向经济效益好、科技含量高、绿色发展方向转型,实现经济效益与社会效益双赢,更是在社会可持续发展进程中解决资源与环境问题的重要途径。

一、制定切实可行的循环经济政策

综合运用财政、税收、价格、金融等手段,健全、完善政策体系。

1. 制定循环经济投资政策。对发展循环经济的重大项目、技术开发和产业化示范项目给予直接投资、资金补助、贷款贴息,各类金融机构给予金融支持,发挥政府投资对社会投资方向的引导作用。

2. 促进循环经济发展价格政策。调整水、电、热、天然气等价格政策,促进资源的合理开发,节约使用,高效利用和有效保护。

3. 支持循环经济发展财税和收费政策。在理顺现有收费和资金来源渠道基础上,积极探索建立和完善企业生态环境恢复补偿机制。

4. 彻底转变考核政策。从全局角度出发,研究制定全国各区域可持续发展指数,以此作为地方经济社会发展业绩评价的重要参数,积极建立绿色 GDP 核算体系,引导经济活动。使按照循环经济规则要求进行生产、经营的企业,能够比按照传统方式生产和经营的企业获得更高的利益。

二、从科技创新的角度发展循环经济

发展循环经济是与先进技术和技术创新密不可分的,技术的创新与传播对于循环经济的发展具有重要作用。在以减量化、再利用和资源化为根本的3R原则的基础上,积极创新研发环境友好型产品,采用绿色创新技术提高资源的使用效率,降低废弃物排放对环境造成的影响。没有技术创新作保障,发展循环经济将成为一句空话。因此,培养创新能力、提高技术创新水平成为解决资源与环境问题的当务之急。政府应当提高对于科研组织及企业创新的鼓励力度,对在环境保护技术创新方面做出贡献的企业和个人要给予充分的鼓励与支持,努力营造技术创新氛围,提高企业创新能力。

三、加强宣传教育与培训

发展循环经济需要通过宣传、教育与培训,在全社会形成与自然友好、和谐相处的文化、伦理观念:

1. 动员社会各方面的力量,通过各种渠道,开展多种形式的节约资源与保护环境的宣传教育活动,以提高全社会对发展循环经济意义的认识,使节约资源、保护环境成为全民的自觉行为。

2. 建立循环经济技术咨询体系,及时向社会发布有关循环经济技术信息、管理和政策等方面的信息,开展信息咨询、技术推广等。

3. 培养社会的绿色消费方式,可以对循环经济的发展起有利的推动作用。通过各种渠道和方式培养群众的健康消费观念,树立合理消费的责任,引导、规范群众的消费行为。

4. 通过完善信访制度、举报制度和咨询制度,使公众能够在环境保护和循环经济等领域有效地保护自身合法权益和社会公共利益,实现对可持续发展和循环型社会建设的参与。

5. 对相关的管理人员和技术人员进行专业培训,不但要以相关的知识技能武装他们,而且要增强他们的可持续发展的观念和发展循环经济的意识。

四、鼓励建立国家级生态工业园区

依据循环经济发展原理和工业生态原理建立生态工业园区是观念创新、

技术创新、管理创新和制度创新的结果,对于循环经济发展有着深远影响。生态工业园区能够最大限度地促进物质、能源的循环利用和多级利用,培植新的经济增长点,提高产品竞争力,扩大企业的知名度,同时也可增强产业链之间的关联,使生态经济产业链不断得到强化。通过生态工业园区建设,园区企业改变传统高消耗、高排放、低产出的粗放式经济增长方式,积极推广新技术,促进企业技术进步和物质循环利用,降低产品成本,提高资源利用率,进一步解决环境和经济发展的矛盾,实现了工业快速发展和环境保护之间的最佳结合;通过生态工业园区建设,可以引导、改造传统产业,利用生态工业园自身的示范作用,形成资源综合利用的良性循环,以低消耗、高效益、无污染或少污染、资源再生、废物综合利用等方式,实现产品绿色化和生产过程清洁化,引导园区企业走上科技含量高、经济效益好、资源消耗低、环境污染少、人力资源得到充分发挥的新型工业化道路,从而推进循环经济的发展。

第三节　健全循环经济评价和考核制度

当前,我国循环经济还处于起步阶段,发展循环经济仍面临一些障碍。这些障碍需要运用行政、经济、法律等手段才能克服,而法律手段具有规范性、稳定性、强制性、公开性和权威性,是国家调控政治、经济和社会发展的最高形式,其作用和力度是其他手段无法达到和替代的。

发展循环经济是落实科学发展、可持续发展的重要途径。学术界关于循环经济统计核算问题,提出了两种基本模式——绿色 GDP 核算和物质流核算。绿色 GDP 核算面临着"资源与环境的产权界定和非市场定价"两大技术难题,短期内难以进入操作层面。从 20 世纪 90 年代开始,物质流分析框架或物质流核算体系被应用到工业经济系统的可持续发展定量研究中,目前已经在一些国家广泛应用。物质流核算是循环经济统计核算较为可行的模式,这是因为,从逻辑架构看,物质流核算的理论基础是物质代谢论,而这与循环经济追求的"资源—产品—再生资源"的反馈式循环过程相一致;从现实可操作性看,物质流核算以实物的重量为单位,从而避免了绿色 GDP 核算采用货币化指标易发生主观价格差异的问题,又可真实地展现经济发展与自然环境的状况。

循环经济是按照"减量化、再利用、资源化"的原则,采取技术和管理措施,提高资源利用效率,减少资源消耗和废物排放;以尽可能少的资源消耗和环境代价实现经济持续增长,使社会经济系统与自然生态系统相和谐,而物质流核算的指标体系由物质资源的投入、消耗、产出三大类指标构成,其中,资源产出率是反映我国循环经济状况的首选指标。

一是资源产出率是反映国民经济增长质量的一个重要指标。与劳动生产率、资金利用率等传统指标相比,资源产出率将重要自然资源的投入使用效率进行单独计量,从而拓宽了经济效率概念的外延。与资源利用率不同,资源产出率指标综合了物质流核算和价值流核算,提高资源产出率是在同等资源消耗的情况下,尽可能多地产出经济效益。

二是资源产出率能很好地反映循环经济的整体成效,并体现我国循环经济的"减量化优先"原则。我国发展循环经济的首要目的是提高资源利用率,缓解经济高速增长和原材料、能源供应不足之间的矛盾。而资源产出率作为立足物质流进口端的效率指标,鲜明地体现了"减量化优先"原则。从生态经济系统中物质输入和输出相平衡的原理看,资源产出率还是反映资源节约和环境保护的综合性指标。资源投入量和消耗量的减少,必然伴随末端废弃物的减少,从而意味着经济增长对环境压力的减小。

三是将资源产出率作为"十二五"规划的主要指标,便于与国际接轨,符合当今世界循环经济发展的时代潮流。资源产出率是潜在的国际竞争力。实践证明,面对效率革命的机遇与挑战,那些在提高效率方面走在前列的国家会因此而获得竞争优势,而那些在此过程中畏缩不前的国家将会错失机遇。我国资源和能源相对缺乏,生态环境问题较为突出,必须重视资源产出率。

党的十八大以来,中央将建设生态文明、推进循环经济发展摆到了重要位置,但要将这一施政理念真正转化为各级政府部门的行动方针,尚需改变政府及领导干部的绩效考核标准,由单一的经济增长指标转变为更重视资源利用和环保的指标体系。因此,要将循环经济评价与政府绩效考核相结合,矫正"唯GDP至上"的政绩观。只有将循环经济评价结果与政府及领导干部的考核制度挂钩,才能扭转其为追求经济增长而不计资源环境代价的惯性思维,从而推动政府职能转变。

第四节 循环经济发展的空间分布差异与优化策略

中国循环经济发展的空间不平衡状态的调整,除了需要地方之间相互借鉴成功经验和成熟技术,寻求政策倾斜和法律保护外,关键是提高地方经济水平。各地要在发展经济的同时注重循环经济的建设,在发展经济的总体思路中融入循环经济的发展理念,因地制宜发展适合本地区特色的循环经济,实现区域的跨越式可持续发展。

一、导致中国循环经济发展空间不平衡的原因

循环经济是人们在生产和消费行为中倡导的新规范。循环经济的根本目标是寻求资源的可再生或者可循环利用。根据循环经济的评价指标并结合适当的评价方法,能够了解到现阶段中国循环经济的建设成效。

为了扭转陈旧的经济发展观念,改变不合理的经济发展模式,建设"环境友好型社会",积极调整产业结构,推进循环经济的发展将成为政府的工作重心,因为发展循环经济是实现可持续发展战略的必由之路。然而中国地域广阔,地区之间经济发展不平衡,这就导致了中国循环经济发展的空间分布不平衡。

二、中国循环经济发展水平的空间分布特点

评价一个地区的循环经济建设情况需要根据循环经济的评价体系进行,从生态、社会和经济三个方面对各地区的循环经济建设状况进行评价。依据国内知名学者研究探索提供的分析思路,加上现阶段已更新的数据,研究中国循环经济发展的空间分布状况。以地区循环经济发展能力的强弱程度划分各省(区),可以看到:

一是在我国三大经济地带内的地区循环经济发展能力表现出非常明显的差异性。循环经济发展能力较弱的地区集中在中、西部地带,是东部循环经济发展能力较弱地区数目的三倍;而循环经济发展能力比较强的地区在中国的东部经济地带分布表现比较集中,比中、西部的两倍还要多。

二是地区之间循环经济发展能力差异显著,循环经济发展能力不同的地区平均值之差很大,循环经济发展能力地区分布不平衡。在不同水平的循环经济发展能力的地区中,处于控制地位的循环经济发展能力较弱的地区占到各地区总数的一多半。

这种数据分布说明中国循环经济的发展地区之间不平衡,地区间的循环经济发展能力差异显著,而且循环经济发展能力较弱的地区比例偏大,循环经济的全面发展仍然任重道远。

三、中国循环经济发展空间的分布差异

我国各省(区)循环经济发展现状。循环经济发展受到一定的时空约束,具有空间的分布差异性,因此表现出发展阶段和发展区域的相对性。按照空间尺度划分,循环经济的评价可以分为国家、区域、城市等多种尺度。中国地域广阔,自然和经济基础不同,区域文化差异巨大,循环经济的发展策略也不尽相同。以省为单位,研究省级行政单位(包括直辖市、自治区)的循环经济发展状况,对不同区域循环经济的发展做出分析和评价。中国各省(区)循环经济发展状况如下:

一是循环经济发展状况前十位的地区除西藏外全部位于东部沿海地区,其中,上海的循环经济发展状况最好。主要原因是这些地区环境污染严重的第二产业所占比率不高,经济比较发达,绿色经济建设比较到位。

二是位于中东部地区的工业大省排名靠后,循环经济发展状况不理想。尤其经济增长方式比较粗放的西部地区循环经济发展状况要落后于全国平均水平。

三是宁夏、贵州、内蒙古、山西和新疆五个省(自治区)的经济增长方式的粗放程度特别高,其循环经济发展水平也远远低于全国平均水平。山西、贵州、宁夏排名比较落后主要是山西的工业污染造成的,新疆则是由于资源、能源不足,而生产投资又少消耗较大导致循环经济发展水平落后。

通过以上分析结果可以得出如下结论,在我国,经济发展水平高的省(区)循环经济发展水平也普遍较高,发展状况比较理想。而经济发展水平较低的省(区)循环经济发展状况并不理想,水平较低。尤其在经济基础比较薄弱的西部地区,财政支持力度不足,城市发展能力欠缺,发展速度缓慢,区域

整体循环经济发展能力也较弱。

四、中国循环经济发展的优化策略

从以上分析可以看到,虽然我国的循环经济发展经过一段时间的探索,取得了一定的成绩,但是从整体上来看,我国的循环经济空间发展非常不平衡。发展循环经济面临着许多困难,仍需要进一步的探索。

(一)建立新的国民生产总值考核体系

坚持可持续发展观念,加快经济增长方式的转变,改革现行国民经济核算体系,是发展循环经济的有效保障。要大力推行绿色的国民经济核算体系,摒弃高污染、高消耗、高排放的粗放型经济增长方式,选择有利于循环经济发展的模式。

首先,要更新观念,改变 GDP 至上的政策方向,建立一整套科学、完善的绿色经济核算体系,包括绿色的会计制度、审计制度等,坚持低污染、低耗能、开发利用可再生资源或实现资源的重复利用的绿色可持续发展观念。其次,改变传统 GDP 统计方式,要在核算的过程中扣除环境污染和资源消耗的损失,实现一种真实的统计核算。最后,将绿色 GDP 核算得出的结果与传统 GDP 核算结果进行对比,促使人们改变观念,积极寻求可持续的循环经济发展道路,坚持循环经济发展方向,推动循环经济在地区间的平衡发展。

(二)完善政策支持系统,支持循环经济发展

政府在发展循环经济方面要发挥关键作用,加大政策的支持力度,建立完善、合理的政策体系。

循环经济发展的政策体系应该包括三个方面:在政策激励方面,政府要明确政策导向,强化产业政策,鼓励发展节约能源,产出效益高的高新技术产业、信息产业和服务业,引导传统产业改造,鼓励循环经济发展,形成产业的推动性力量。利用税收、贷款政策等引导产业转型,促进形成循环经济的生产环境,鼓励绿色产业的发展,在政策上给予循环经济和绿色产业的发展开辟出一条新道路;在政府采购方面,政府应该增加财政支出用于建设有利于循环经济发展的相应公共设施,进行有利于循环经济发展的政府投资;在消费拉动方面,政府要引导和鼓励公众行为,倡导循环经济产品的消费,建立循

环经济产品标识制度。

另外,推行环境有偿使用制度,让价格机制对污染环境的行为进行约束,严格按照"污染者付费、利用者补偿、开发者保护、破坏者恢复"的原则约束企业和政府的经济行为。

(三)建立、健全相关法律、法规

发展循环经济必须要有法律保障。在立法的过程中,将发展循环经济变为法律要求,将其纳入法律管控的范围内,在法律的强制下得到有效落实,使发展循环经济走向法制化。

另外,要加快循环经济各类专项法规的制定,使发展循环经济的各方面措施规范化、标准化,用制度保证循环经济的发展落实。在贯彻法律、法规的同时,政府部门应该设立有效的监督机制,保证法律、法规的实际运行,健全责任制度,使循环经济发展工作有法可依,正式步入法制化轨道。

(四)强化科学技术的支撑作用

多年实践证明,循环经济的发展需要科学技术的强有力支撑。科学技术的落后是发展循环经济发展的首要障碍,要努力突破科学技术的限制,在科技领域创新和发展,进而促进循环经济的发展。

要加强与高等科研院校和科研机构的合作,依靠高校和科研机构的科技力量,发展循环经济所需的科学技术。鼓励国外先进技术的引进,不断加强科学技术对循环经济发展的促进作用。建立健全风险投资机制,争取建立拥有自主知识产权的科学技术体系的建立。要以市场作为导向,搭建技术创新的平台,使技术创新符合市场需求,使技术创新最终融入到循环经济的建设当中。建立成熟的科学技术示范基地,带头搞好示范基地循环经济的建设,具有普遍推广的意义。

(五)从产业结构上优化循环经济发展体系

对中国经济发展的区域格局进行更合理的调整,根据不同地区资源和经济现实状况的差异制定不同的目标和发展规划,用循环经济理念指导各地区经济建设。

严格执行发展循环经济的各项标准,遏制低水平重复建设。严格市场准入制度,减少盲目投资。进出口政策的制定要重点考虑环境保护和资源循环利用,形成完善、合理的国际产业分工格局。

调整产业结构,建设资源节约型工业生产体系。对高新技术产业和信息产业从贷款、税收等政策上给予优惠和扶持,重点发展信息产业,提高国民经济中高新技术产业、第三产业,尤其是信息服务业的比重。

中国循环经济发展的空间不平衡状态的调整,除了需要省区之间相互借鉴成功经验和成熟技术,寻求政策倾斜和法律保护外,关键是提高地方经济水平。各省(区)要在发展经济的同时注重循环经济的建设,在发展经济的总体思路中观察循环经济的发展理念,因地制宜发展适合本地区特色的循环经济,实现区域的跨越式可持续发展。

内蒙古:建百亿循环经济园 探索绿色草原工业化

内蒙古自治区正蓝旗居于北京之北,境内的元上都遗址与北京故宫在同一子午线上,与北京的直线距离只有180公里。尽管在正蓝旗,你能看到像绿色的绒毯样的草原,然而真实的地理概念是:这里处于生态脆弱的浑善达克沙地腹部!

无论是过去,还是现在,元上都遗址所在的正蓝旗上都镇与首都的关系注定不平凡。北京的每十盏灯就有一盏由这里点亮,同时这里的沙尘一小时就可入京侵扰。为提供生态保障和能源保障,正蓝旗在草原工业化的发展道路上做出了积极的探索。"上都"从来不当北京的后院,而要做遮风挡沙的北部高墙!

草原上的光明使者

正蓝旗是内蒙古自治区锡林郭勒盟面向京津地区的重要能源出口地,锡林郭勒盟不仅有人所共知的大草原,更是重要的能源基地,地下埋藏着2500亿吨煤炭资源。

作为国家"西电东送"北通道建设的重要电源支撑点,正蓝旗上都镇的内蒙古上都发电有限责任公司(下称"上都电厂")承载着重任。计划投资近200亿的上都电厂有着亚洲最大的空冷发电机组。一期工程早在2006年投产,为全力保障北京奥运会做出了贡献,随后二期、三期也相继投入运营,点对网接入京津唐电网,是京津能源保障的重要支撑。目前北京每十盏灯就有一盏由上都电厂点亮。

2014年6月,国家批准在内蒙古建设4条特高压电力外送通道,其中两条起点就位于锡林郭勒盟,分别为锡林郭勒盟至山东和锡林郭勒盟至江苏泰州,这两条通道将于2017年全面建成投产。6月9日下午,内蒙古自治区党委书记王君召开书记办公会,研究部署电力外送通道及配套火电项目建设重点工作。据知情人士透露,锡林郭勒盟将为此新增上网1750万千瓦,配备电厂体量为6个上都电厂的规模,同时还可打捆输出300万—600万千瓦新能源。记者在正蓝旗采访时,适逢正蓝旗委宣传部部长兼发改局局长冯建军与多家风电企业洽谈项目。他对《中国经济周刊》说,正蓝旗的未来是中国清洁能源的输出地,也将成为草原上的光明使者。

变废为宝的"上都样本"

上都镇一位人士介绍,最初上都电厂并未给地方带来多少好处,反而给当地居民带来了许多环境污染。最大的问题是火力发电所带来的粉煤灰。上都电厂三期投产后,每年光产生的粉煤灰就有150万吨,加上脱硫石膏、炉渣等,共计将产生近200万吨废弃物。挖坑掩埋会破坏草场,甚至还会污染地下水,存放不合理或处理不及时这些污染物便会随风飘散污染草原,被风吹送入京便会形成雾霾。

如何解决"电送北京城,祸留大草原"的难题,真正实现美丽与发展双赢是正蓝旗领导班子必须面对和考虑的问题。对于锡林郭勒盟这样的地区,既有资源又有草原,既要重视生态保护也要合理进行资源开发。如何实现合理利用资源和最大程度地保护草原已成当地领导最重要的课题。

为了解决粉煤灰的处理问题,正蓝旗苦费心思,不惜于2011年请来专家在上都镇召开亚洲粉煤灰应用大会。

2010年,冯建军与宏江集团董事长李宏江不期而遇,后者在北京、河北一带多年经营建材生意并有着多个房地产项目,对粉煤灰加气砌块代替空心砖十分感兴趣。正为解决电厂废弃物而四处奔走的冯建军十分欣喜。经过几轮考察谈判,2011年,总投资10亿元,正蓝旗宏江粉煤灰综合开发利用项目落地。

李宏江在建筑行业摸爬滚打了十多年,他对自己的粉煤灰加气砌块十分自信。他认为这是建筑行业的革新,加气砌块代替空心砖有着多种好处,防火,防湿,抗震,还可为楼体大幅减重。此外用粉煤灰制作的发泡陶瓷与结晶砖结合代替聚苯板和聚乙烯可进一步解决建筑物外墙保温与外墙装饰,如果使用这种经过两次800摄氏度高温煅烧的粉煤灰产品,永不会发生类似央视大楼失火的情况。

让人头痛的粉煤灰在李宏江的厂子里一下子成了宝贝。清华大学消防研究所的最新成果"粉煤灰烧制水晶板"也已试验成功。在李宏江的厂房里,粉煤灰魔术般地变成了光彩照人的水晶板!"我们正在新建的厂子将利用高科技使粉煤灰利用迈上新的平台。"

李宏江表示,特高压配套火电项目上马后,仅粉煤灰利用这一项,便可为锡林郭勒盟创造200亿的销售收入。

2014年7月20日,李宏江指着一排巨大的蒙古包式建筑物告诉《中国经济周刊》,这是世界最大的钢板仓群,投资3.5个亿,可储粉煤灰50万吨!而一侧厂房内4条生产线正在加足马力生产粉煤灰加气砌块,一年能生产60万方砌块和1.2亿块粉煤灰标砖。

3年内上都循环经济园产值将达百亿

与此同时,围绕上都电厂废弃物而打造的循环经济园区内多家企业入驻。石膏综合开发利用项目,硫酸就地转化利用项目,烟气余热回收利用项目,污水集中处理和再生利用项目等一应上马。据冯建军介绍,2017年,这个园区将实现产值100亿元!

在这个工业园区创造的奇迹很多,比如另一家高科技企业仁创砂业用正蓝旗的砂子制成的透水砖也已铺到了北京的大街小巷,雨水落到砖上自动渗入地下,进入土层。该公司还利用正蓝旗的砂子做成"孚盛砂"用于油田开采上,经大庆、华东、胜利、长庆、延长、吉林等10多家油田批量应用,平均提高石油产量15%以上。

草原上特殊的自然环境对工业发展要求苛刻,迫使正蓝旗进行了一系列的创新探索,"草原工业化"要求恪守的不是片面地保持环境原貌,而是如何在工业发展的带动下促进环境进一步改善,在这一命题上,正蓝旗以及整个内蒙古地区都要继续探索下去。可喜的是,2013年,这个只有8万人口的小县实现地区生产总值60亿元,财政收入达到11.93亿元。就在这一年,在由第一财经广播发起的"发现·2013中国最美村镇"评选活动中,上都镇入选60个全国最美村镇。

(来源:《中国经济周刊》2014年8月5日)

思考与探索

1. 循环经济的基本特征是什么?
2. 如何制定切实可行的循环经济政策?
3. 导致中国循环经济发展空间不平衡的原因是什么?

第六章 农业循环经济

我国资源短缺,人口众多,需大力发展低碳经济,以求经济社会的持续发展。而如何节能减排,怎样固碳增汇,农业理应做出贡献。低碳农业不仅是一个目标与方向,更应有具体模式的探索和实践。以"整体、协调、循环、再生"为指导的循环农业理论和技术体系,具有广泛的生物多样性、产业复合性和生态优化、环境优美的特性,是发展低碳经济的优良载体。

专业技术人员,尤其是农业领域的相关人员要树立自身的生态意识,了解循环经济在农业发展的前景,掌握相关的理论知识和实践技能,为社会经济的可持续发展,以及"美丽中国"美好愿景的实现贡献出自己的力量。

第一节 积极发展农业循环经济

2014年的中央农村工作会议,将保障国家粮食安全和食品安全,完善农村基本经营制度,建设美丽乡村等任务确立为农业发展的重要战略,成为未来一段时期我国农村工作的重点。实现粮食持续增收,改善农民的生活水平和生存环境等目标,就必须转变农业发展方式,建设资源节约型和生态友好型农业。发展农业循环经济是构建"两型"农业的重要抓手,必将成为今后我国农业发展的新主流方向。

一、中国的农业循环经济自古有之

在农业循环经济发展方面,中国具有悠久的历史。中国过去城乡居民的粪便、垃圾、秸秆、绿肥和沼液都是农田宝贵的肥源,农家的畜禽、鱼、桑、蚕、蚯蚓、沼气和菜地,农田、鱼塘、树林、村落构成和谐的农村生态系统,轮作、间作、湿地净化和生物降解等时空生态位被充分利用,可更新资源在低生产力水平和小的时空尺度上循环,这些都可以归为农业循环经济形态。但是,这种循环是封闭保守的,只有从农业小循环走向工、农、商、研结合,生产、消费、流通、还原融通的产业大循环,从小农经济走向城乡一体、脑体结合的网络型和知识型经济,"三农"问题才能得到根本解决,中国农村才能实现可持续发展。

二、农业循环经济发展的基本思路

发展农业循环经济的两个基本思路:一是要用循环经济的运作规律来防治农业点源和面源污染;二是要以农业循环经济引导传统农业向工业型大农业发展,引导资源耗费型农业向资源循环利用型农业转化。具体建议包括:

1. 切实转变农业经济发展传统理念,在农业生产中注重社会效益、经济效益和生态环境效益的统一。现行的农业经济发展模式对自然生态环境破坏严重,直接危及生存空间,必然导致经济停滞、下降。各级政府必须转变发展理念,农业生产的指导思想要进一步强调社会效益、经济效益与生态环境效益的统一,走"优质、高产、高效、可持续"的道路。

2. 打造农业循环经济发展框架。以"四个方面"为主线,形成循环经济框架,即以粮食及其他农副产品龙头加工企业为依托的加工企业循环经济链条;以畜牧、水产生产加工企业为依托的畜牧、水产加工循环经济链条,大力发展绿色、有机、无公害原料,加工企业要采取先进节能、无污染技术改造传统工艺,提高企业的比较效益;以林业及其加工业为依托的林业循环经济链条;以秸秆综合利用为重点的秸秆循环经济链条。

3. 加快传统农业向工业型大农业发展的步伐,培植农业循环经济载体。一方面,搞好循环型农业工业园区建设。制订农副产品加工企业聚集的工业园区发展规划,以生产要素为纽带,将具有上下游共生关系的农副产品加工企业集中在一个相对封闭的园区内,实现有害污染物在园区内的闭路循环;

另一方面,做好农副产品出口基地园区建设。大力推进出口农产品的清洁生产,使农副产品达到质量、环保等方面的国际标准。

4.进一步探索农业节本增效新途径,逐步实现粗放农业向精准农业的转变。如实施"藏粮于土"、"藏粮于科技"战略,保持和提高我国的粮食综合生产力,处理好农业结构调整、农民增收和粮食安全的矛盾;进一步调整优化农业结构,加快优势产业带建设,发挥集约种植优势,提高规模效益;推广立体种植和间作套种技术,不断提高复种指数,提高耕地的综合产出效率;做好测土配方平衡施肥技术的推广和应用,配合滴灌技术,逐步实现粗放农业向精准农业的转变。

三、切实发展农业循环经济的方式方法

1.转变观念,增强紧迫意识。农业是国民经济的基础,农业的可持续发展是社会和经济可持续发展的重要保障。循环经济不仅是改善生态和保护环境的手段,而且是实现社会科学发展的必然途径。越早一步实施循环经济,就越能掌握发展的主动权。要加强宣传,引导社会公众转变传统观念,增强责任意识,使建设资源节约型和环境友好型农业成为全民的一项自觉行动。

2.注重研发,突破技术瓶颈。政府要加大财政投入,鼓励企业开展研发和技术攻关,实施重大科技专项,重点掌握一批拥有自主知识产权的循环经济适用技术;引导社会资本和生产要素向农业和农村聚集,充分利用国家对节能环保等战略性新兴产业的扶持政策,提高成果转化率,加速科研成果产业化进程。

3.完善法规,加强政策引导。法律法规的强制性可以对行为产生有效的约束和修正作用。现阶段我国的农业循环经济立法还比较滞后,缺乏必要的技术法规和执行标准。2014中央农村工作会议提出:要严把生产环境安全关,治地治水,净化农产品产地环境,切断污染物进入农田的链条。要健全农业生产的考评监督体系,确保农产品质量安全;采取税收优惠、补贴和奖励等市场化手段,充分运用经济政策的激励作用。

4.创新制度,形成长效机制。建立绿色产品标识制度,严把农产品质量

关;建立农业生态补偿制度,为环境修复提供保障。通过建立试点和农业生态园区,鼓励有条件地区率先发展循环经济;探索建立信息公开制度,对环境信息及时披露,形成全民监督和生产者参与的长效机制,推进农业循环经济进程,建设一个资源节约型和环境友好型的农业强国。

第二节 发展农业循环经济的方略

一提到循环经济,人们往往想到的是工业、制造业领域的废水、肥料再利用,或者是垃圾循环处理。各地的循环经济示范园区,也往往以工业为基础。然而,作为循环经济的重要方面,农业方面的循环经济模式少有人提及。而发展农业循环经济恰恰是最易上手,也最普遍的一个方面。

2013年底,国务院常务会议讨论通过《"十二五"循环经济发展规划》,提出将围绕循环工业、循环农业和循环服务业三大领域,以一系列循环经济示范工程为抓手,构建循环经济的产业体系。将通过建立生态恢复和环境保护的经济补偿机制,激励农民自愿发展农业循环经济。

一、发展农业循环经济需要充分利用气候资源

我国人均耕地面积为0.101公顷,不足世界人均耕地的一半。由于土地资源有限,要增加粮食等农产品,那就需要发展资源科学利用的循环经济。农作物的产量,90%—95%以上来自光合作用,这里面就有一个气候资源利用问题。气候资源是一种可再生的资源,人们应该把充分挖掘利用气候资源,提高气候生产力、光能利用率,作为发展现代农业循环经济新的生长点。然而,气候资源不像土地相对稳定,变率较大,尤其是一些气象灾害,既需要抗御,又更多的是顺应。

这就需要有一种模式,能够充分利用现有气候资源,并且能够增加粮食或者其他作物的产量。现如今,有一种大家已经比较认可的方式,叫做高效种养模式。它的特点是在其设计与优化配置上,必须根据生态经济学、农业气象学、作物栽培学等原理,按系统科学方法,合理配置。因为是农业循环经济方面的问题,所以以生物生产为主导,充分挖掘气候资源,力求使得土、水、

肥、种等资源互为助力。反映到最终的结果上,则是按照生态、时空、物能流转换、产业组链(网)等多种规律,通过工程、生态、生物、农艺上的技术改造以及采用适应性措施,对不同生态型作物(动物),各有偏好等差异的作物(动物)搭配,达到相容生物种群间相得益彰。也就是说,既发挥其生态功能,又发挥其立体增值效益。

二、因地制宜设计农业生态更能提高经济效益

农业循环经济既要发挥其生态功能,又发挥其立体增值效益。想要发挥生态功能,重点是要掌握自然环境和气候环境的特点。所谓生态功能,大多以农业湿地高效种养模式为例子。由于它产生在特定的湿地环境,而且又是曾经受到过人类活动干预的"湿地"。这一奢水且多种微地貌的环境,在生物圈中具有特殊的结构和功能属性,它拥有丰富的水土,包括能引诱外来珍稀禽类,可携带补充微量元素或装点优雅环境的资源;具有生物种群、群落的多样性和较高的初级、次级生产力;能有效地调节气候、调蓄洪涝渍水;能通过水的特有作用,淡化有害物质浓度、净化环境、清除污染,可誉为准"自然之肾"的功能。因此,在此地所建立的高效种养模式,就应发挥湿地生态系统的生态功能,包括对大环境和生物间自我生态调控功能。

而立体增值效益则是一个更高的要求,其高效种养模式应具有立体结构、生态功能、市场属性、综合效益。它不只是在景观上立体,而是在生物再生产、经济再生产上具有多维立体结构和功能。在广度上,它讲究生物多样性,建筑在农、林、牧、渔、鸟、虫、微等生物生产的环境中;在深度上,对资源的保护性开发,要具有相当的深度,如对气候、土壤、水分、生物、劳力、资金、物资、科技、信息等资源的开发要统筹规划,既深度开发,又积极保护;在高度上,既把握物、能流转换规律,适度延伸食物链(网),又按照经济增值(殖)规律,延伸产品加工、贮运、销售链条,达到多维经济增值。

如果能够在农业循环经济的层面,集资源优势于一体,借助于理性的人为干预,那么很多无法利用的资源都可以高效利用了。现实中,具体的形式有很多,主要依靠不同地区的气候条件和自然环境而各有不同。总体来讲大

致有四种：一是单纯高效种植模式，即充分利用气候、土地、生物适应性的时空差，在周年内实行作物连、间、套、混、再生，达到一年二、三熟或多种多收。这是一种以提高复种指数为核心的模式。二是单纯高效养殖模式，充分利用空间、水体，人为构建食物链或加增益、减耗环，实行鱼、禽、畜立体分层混、套、兼养。诸如家鱼分层养殖，上层为肥水性鲢、鳙鱼，主食浮游生物；其排出粪便有利于水草生长，可供中层草食性草、鳊鱼食用；下层为鲤、鲫鱼属杂食性鱼，主食螺蛳等底栖小型动植物，残屑等。这样各得其所。三是种养结合的高效模式，充分利用土地、水体、空间，对不同生态型动植物进行立体种养，优化配置；或按物能流转换规律，使之在各自生态位共生共栖，互利互惠。典型的例子是甘蔗与食用菌间作，食用菌收后，将菌渣粉碎，掺制菌糠饲料喂猪，猪排粪便喂鱼。四是种植与加工、养殖与加工结合的高效模式，形成现代生态立体种养加模式，可以综合增值。

三、高效种养模式推广需要高级专业人才

高效种养优化模式，从它诞生时就受到了各级党委与政府的高度重视。然而，近些年来，由于原来一些推广优化模式的农民，年事已高，年轻一代农民大量涌入城市打工；加之优化模式属精耕细作，当然也要求有一定的科技知识；乡(镇)农业技术推广站几近解体，这样与20世纪90年代推广盛期相比，面积有所萎缩。但有部分农民应用高效种养优化模式的优化机理，根据市场需求，配置了新的模式，如虾稻共生(即小龙虾与水稻)优化模式，它既能收入可观的小龙虾又能收入无污染生态优质米一季水稻，类似这种模式也正在崭露头角。

由于高效种养优化模式属农业循环经济范畴，人们不可等闲视之。加之目前在农业科研成果推广上，正在向有利的方面转化，只要能再度引起基层政府与相关部门重视，是可以进一步推广与发展的。因此，应做好四个方面的工作：行政倡导号召，社会各界共促；依靠种田大户，培植示范基地；科技部门牵头，组织观摩培训；依靠媒体宣传，疏通产品营销。

第三节 循环农业是现代农业的重要内容

当前,农业发展面临着生产成本不断提高、耕地面积不断减少、农业资源质量下降和生态环境恶化的严峻挑战。要加快现代农业和新农村建设,增强农业的再生产能力,实现生产发展、村容整洁、乡风文明、管理民主的现代生产生活方式,就必须大力发展农业生态循环经济,走可持续发展道路。

一、现代农业循环经济的涵义

现代农业生态循环经济就是生态农业、现代科学技术与循环经济有机地结合在一起。所谓现代生态农业就是以生态学理论和科学发展观思想为指导,运用系统工程学方法和现代科学技术、现代管理手段以及传统农业的有效生产经验建立起来的,通过合理利用农业自然资源和保护良好的生态环境,因地制宜地规划、组织和进行农业生产并获得较高的经济效益、生态效益和社会效益的现代化农业。

发展现代农业生态循环经济主要目的:一要实现减量化。通过科学使用农业生产资料,或者用新型农用物资和现代科学技术来替代常规生产资料和传统生产技术,以达到减少使用化肥、农药、农膜等农资数量并减少污染排放的目的;二要实现废物资源化和再利用。主要是指将废弃物能源化、肥料化和饲料化;三是将种植业、养殖业和农产品加工业有机组合,形成上下游产品和废弃物再利用循环链,减少农业向系统外输出污染物,又能使生产成本降低、产品增值、产业增效,从而保护生态环境。

二、循环农业是现代农业的重要组成部分

农业在大发展的同时,出现了耕地减少、淡水短缺、生态环境恶化等资源环境承载能力问题,这是对我国农业发展的严峻挑战。我国耕地、淡水等资源总体紧缺,人均耕地只有1.41亩,不到世界人均水平的40%,在耕地数量减少的同时,土壤被污染、有机质在下降;人均淡水资源不足2200立方米,仅相当于世界平均水平的1/4,而灌溉利用率仅为45%,比世界先进水平低30

个百分点左右,水源普遍受污染。因此,必须在进一步增加农业投入的同时,要更加重视生产方式的转变。农业也要按照建设资源节约型环境友好型社会的要求,大力发展循环经济。把提高农业资源产出率,提高农业废弃物资源再生利用产出率作为一个重要指标。抓住了这个关键点,也就抓住了根本,抓住了要害,使有限的农业自然资源能够永续利用,以科学发展观来指导农业发展。

现代循环农业不仅是第一产业的循环,而应是一、二产业融合的循环,一、三产业融合的循环,一、二、三产业融合的循环;不仅是种养业的循环,而应是种植业、养殖业、微生物产业之间的良性循环。发展现代循环农业是牢固树立农业基础地位,彻底改变农村落后面貌,改善农村生态环境,增强农业国际竞争力,应对气候变化,从源头保障农产品安全,增加农民收入,落实民生之本,确保广大人民身体健康和生命安全的根本之道。

三、推动农业循环经济发展的对策

加强领导,将农业循环经济纳入政府日常工作议程,加强政府的宏观指导和政策支持。政府要以科学发展观为指导,改变传统的发展思维,转变片面追求经济增长而忽视资源和环境问题的倾向。在农村经济发展上要确定科技先导、资源节约、生态保护、效益提高的基本方向。政府要做好发展农业循环经济的协调工作。建议由相关部门组成农业循环经济发展领导办公室,制定农业循环经济发展规划。地方政府也应根据本地的具体情况,制定发展农业循环经济的总体规划,加强宏观的引导,发挥政策调控和导向作用。建立农业资源有偿使用和补偿机制,建立农业资源综合利用监督制度和评价机制以及相关的法律体系。

加强农业循环经济示范区建设。从实际情况出发,选择不同类型区建立现代农业生态循环经济示范区,以点带面,推动全省农业循环经济发展。各地要因地制宜地选择现代农业生态循环经济发展模式,充分发挥当地资源优势,还要考虑环境特点、生产习惯和技术支撑能力,模式引进和创新相结合。

加强科技创新,为农业循环经济发展提供科技支撑。要引进国外先进技术,创新工作方法,把现有成熟的先进农业废弃物资源再利用技术整合优化,形成配套技术体系。同时,要把传统农业生产技术和现代技术嫁接,为农业循环经济发展服务,重点研究适宜北方的大型沼气生产技术、农作物秸秆生物转化利用技术和气化技术。

加强无公害农产品、绿色食品和有机食品生产基地建设,推动循环经济发展。科学施肥,提高化肥肥效利用率,减少化肥用量,大力推动配方施肥和农化结合施肥技术。建议有关部门及科研单位依据不同土壤条件和肥力水平制定统一的化肥施用标准,指导农民科学施用化肥,从而达到限制超量使用的目的。积极扶持有机肥和生物菌肥产业发展,改变当前单一依靠化肥的生产模式。

加强城乡人、畜禽粪便和垃圾资源开发利用研究。自从化肥在农业生产上广泛应用以后,人畜粪便由宝贵的资源变为废弃物,成为城乡环境污染的公害。要加强人、畜禽粪便的开发利用,这不仅是农业循环经济发展的重要一环,也有利于城乡生态环境美化建设。

调整产业结构,积极发展规模化养殖业和农产品加工业,使"种养加"的链式变为环式,使上下游废物资源化并循环利用,实现农业减排。

循环经济要得以发展,必须要体现经济效益。通过循环经济建设,提升产业生产水平和科技含量,提高农产品品牌形象和价值。

第四节 生态农业的主要类型及典型模式

生态农业是指在保护、改善农业生态环境的前提下,遵循生态学、生态经济学规律,运用系统工程方法和现代科学技术,集约化经营的农业发展模式。生态农业是一个农业生态经济复合系统,将农业生态系统同农业经济系统综合统一起来,以取得最大的生态经济整体效益。它也是农、林、牧、副、渔各业综合起来的大农业,又是农业生产、加工、销售综合起来,适应市场经济发展的现代农业。

一、生态农业的内涵

生态农业是以生态学理论为主导,运用系统工程方法,以合理利用农业自然资源和保护良好的生态环境为前提,因地制宜地规划、组织和进行农业生产的一种农业。

生态农业是20世纪60年代末期作为"石油农业"的对立面而出现的概念,被认为是继石油农业之后世界农业发展的一个重要阶段。主要是通过提高太阳能的固定率和利用率、生物能的转化率、废弃物的再循环利用率等,促进物质在农业生态系统内部的循环利用和多次重复利用,以尽可能少的投入,求得尽可能多的产出,并获得生产发展、能源再利用、生态环境保护、经济效益等相统一的综合性效果,使农业生产处于良性循环中。生态农业不同于一般农业,它不仅避免了石油农业的弊端,并发挥其优越性。通过适量施用化肥和低毒高效农药等,突破传统农业的局限性,但又保持其精耕细作、施用有机肥、间作套种等优良传统。它既是有机农业与无机农业相结合的综合体,又是一个庞大的综合系统工程和高效的、复杂的人工生态系统以及先进的农业生产体系。

生态农业是按照生态学原理和经济学原理,运用现代科学技术成果和现代管理手段,以及传统农业的有效经验建立起来的,能获得较高的经济效益、生态效益和社会效益的现代化农业。

二、生态农业的特点

(一)综合性

生态农业强调发挥农业生态系统的整体功能,以大农业为出发点,按"整体、协调、循环、再生"的原则,全面规划,调整和优化农业结构,使农、林、牧、副、渔各业和农村一、二、三产业综合发展,并使各业之间互相支持,相得益彰,提高综合生产能力。

(二)高效性

生态农业通过物质循环和能量多层次综合利用和系列化深加工,实现经济增值,实行废弃物资源化利用,降低农业成本,提高效益,为农村大量剩余劳动力创造农业内部就业机会,保护农民从事农业的积极性。

(三)多样性

生态农业针对我国地域辽阔,各地自然条件、资源基础、经济与社会发展水平差异较大的情况,充分吸收我国传统农业精华,结合现代科学技术,以多种生态模式、生态工程和丰富多彩的技术类型装备农业生产,使各区域都能扬长避短,充分发挥地区优势,各产业都根据社会需要与当地实际协调发展。

(四)持续性

发展生态农业能够保护和改善生态环境,防治污染,维护生态平衡,提高农产品的安全性,变农业和农村经济的常规发展为持续发展,把环境建设同经济发展紧密结合起来,在最大限度地满足人们对农产品日益增长的需求的同时,提高生态系统的稳定性和持续性,增强农业发展后劲。

二、生态农业的十大模式

这十大典型模式和配套技术是:北方"四位一体"生态模式及配套技术;南方"猪—沼—果"生态模式及配套技术;平原农林牧复合生态模式及配套技术;草地生态恢复与持续利用生态模式及配套技术;生态种植模式及配套技术;生态畜牧业生产模式及配套技术;生态渔业模式及配套技术;丘陵山区小流域综合治理模式及配套技术;设施生态农业模式及配套技术;观光生态农业模式及配套技术。

三、生态农业的模式类型

(一)时空结构型

这是一种根据生物种群的生物学、生态学特征和生物之间的互利共生关系而合理组建的农业生态系统,使处于不同生态位置的生物种群在系统中各得其所,相得益彰,更加充分的利用太阳能、水分和矿物质营养元素,是在时间上多序列、空间上多层次的三维结构,其经济效益和生态效益均佳。具体有果林地立体间套模式、农田立体间套模式、水域立体养殖模式,农户庭院立体种养模式等。

(二)食物链型

这是一种按照农业生态系统的能量流动和物质循环规律而设计的一种良性循环的农业生态系统。系统中一个生产环节的产出是另一个生产环节的投入,使得系统中的废弃物多次循环利用,从而提高能量的转换率和资源利用率,获得较大的经济效益,并有效的防止农业废弃物对农业生态环境的污染。具体有种植业内部物质循环利用模式、养殖业内部物质循环利用模式、种养加工三结合的物质循环利用模式等。

(三)时空食物链综合型

这是时空结构型和食物链型的有机结合,使系统中的物质得以高效生产和多次利用,是一种适度投入、高产出、少废物、无污染、高效益的模式类型。

典型案例

云南:曲靖市麒麟区建农业循环经济示范园

麒麟区投资5000余万元在越州镇建设现代农业循环经济示范园,目前已栽植葡萄900亩,已建渔场150亩、果园蔬菜园120亩、一个1000立方米的沼气池等。

该农业循环经济示范园是集养猪、养鱼、生物质能源、农产品种植及深加工、生态休闲农业庄园为一体的现代农业循环经济示范园,总规划面积1260亩,建设五个功能区:以现代生猪养殖和养鱼为主的养殖区;以生物能源采集加工为主的沼气生产采集区;以水果、蔬菜栽培技术推广为主的现代农业种植区;以葡萄酒酿制为主的酒坊加工区;以满足市民回归自然生活为主的农家乐休闲区。

目前,该农业循环经济示范园已经栽植葡萄900亩,已建150亩渔场,放养了草鱼、鲤鱼、鲢鱼等,已建果园蔬菜园120亩,分块栽植优质梨和无公害蔬菜,已建占地面积40亩的现代养猪场,已建一个1000立方米的沼气池,已建占地面积40亩的农家乐山庄等设施。

该园在农业循环经济方面,采用农业资源减量消耗、农产品多次利用和农业有机废弃物资源化闭合循环的生产模式,把农业生产、农产品加工和农业废弃物通过产业链有机组合在一起,将沼气池、养殖场、生态休闲庄园和葡萄园、果蔬园有机结合在一起,形成以沼气为纽带的生态农业系统。葡萄园、果蔬园充分利用猪场沼气产生的沼液、沼渣作肥源,沼液、沼渣为所种的葡萄、瓜果蔬菜提供肥料,沼气为生态休闲庄园提供日常能源,实现废弃物资源化循环利用。

该园将建成"养殖—废弃物资源化利用—种植业发展"的良性循环系统,最大限度提高能源和资源的利用率,实现污染物"零排放"。种植区:红提葡萄种植园年产葡萄900余吨;果蔬园年产果蔬180余吨;养殖区:养猪场年出栏商品猪10000头,渔场年产鲜鱼70余吨;沼气区:年产沼气36.5万立方米。

(来源:《曲靖日报》2014年7月21日)

1. 农业循环经济发展的基本思路是什么?
2. 为什么说因地制宜设计农业生态更能提高经济效益?
3. 生态农业的主要类型有哪些?

第七章 工业循环经济

长期以来,自然资源禀赋对工业产业发展格局发挥着先导性作用,同时,工业发展对资源的依赖程度较高,特别是工业发展的长期需求与不可再生资源的有效供给之间的矛盾更加突出;资源开采与生态环境保护之间的矛盾日趋尖锐;现有产业发展所面临的资源、环境及政策性约束日益凸显,已经难以适应工业经济可持续发展的客观要求。实现工业经济可持续发展,必须坚持"减量化、再利用、资源化"原则,必须坚持经济增长方式的根本性变革,必须坚持走新型工业化道路。发展循环经济,工业必须先行。

第一节 循环经济在新型工作化发展中的重要作用

如果把自 18 世纪欧洲工业革命开始至第二次世界大战结束前的世界工业化进程喻为第一轮世界工业化进程,或称之为传统工业化道路,那么其后特别是自 20 世纪 60 年代以来出现的以发展中国家(地区)为主体的世界工业化进程,则可称之为第二轮世界工业化进程,或曰"新型工业化道路"。我国作为世界最大的发展中国家,历经计划经济、有计划的商品经济以及社会主义市场经济等各阶段的发展,既有深刻的教训,也积累了诸多经验,并确立了保障经济社会可持续发展。在此过程中,作为国民经济重要支柱工业实现了长足进步，但同时由此带来的环境问题也成为制约中国经济进一步腾飞的关键问题。

一、循环经济理念是新型工业化道路的现实选择

加快转变经济发展方式之所以作为我国"十二五"时期发展的主线，是贯彻落实科学发展观的内在要求和推动科学发展的重大举措，是适应全球需求结构重大变化、顺应我国经济社会发展新的阶段性特征的必然要求。

要使循环经济理念根植于专业技术人员之内心从而化为发展循环经济的自觉行动。必须清醒而充分地认识到，经济系统不单受社会规律的支配，也要受自然生态规律的制约。传统工业化过分强调经济增长的高速度，依靠规模扩大来推进工业化进程，以大量消耗资源和牺牲环境为代价，造成了对资源大量消耗和对生态环境严重破坏。基于循环经济理念的新型工业化道路以"资源—生产—消费—再生资源"的反馈式循环为主要特征，形成了层次合理、运行协调的现代生态工业体系，强调资源的有效利用和环境保护。大力发展循环经济，加快由传统工业道路向现代新型工业化道路的转变是我国工业化发展的战略选择。

要以结构的大力度调整作为发展循环经济的决绝之举进而成为走好新型工业化道路的有力保障。发展循环经济本质上是遵循生态规律和经济规律安排经济活动，其核心是建立一种新的生态化产业模式。从宏观层面讲，就是要依据产业关联技术经济的客观比例关系，来调整不协调的产业结构，促进国民经济各产业的协调发展。产业结构优化过程就是通过有关产业政策调整影响产业结构变化的供给结构和需求结构，实行资源优化配置与再配置，来推进产业结构的合理化和高度化发展，最终在不同类别的产业之间形成类似于自然生态链的关系，运用反馈式、网络状动态联系，使物质能量流在系统内不同行业之间有序循环。从微观层面讲，企业作为这个大的"生态化"体系的组成单元或者节点，只有主动进行产品结构、产业结构、组织结构等的持续优化乃至大力度调整，方能适应或积极引领行业发展。

二、清洁生产是发展循环经济的重要基础

清洁生产旨在最大限度地减少原材料和能源的消耗，实现在生命周期内

对产品进行全过程的污染控制与管理,兼顾了经济效益和环境效益,是发展循环经济的重要基础和有效途径。就企业层面而言,清洁生产本身即循环经济的微观体现,一个产品、一台装置、一条生产线都可采用清洁生产的方案。在发展循环经济的实际运作过程中,需要解决一系列问题,清洁生产为此提供了必要的手段。特别应该指出的是,推行循环经济技术上的前提是产品的生态设计,没有产品的生态设计,循环经济只能是一句口号而无法变成现实。因此,推进清洁生产也是有强烈社会责任感和行业发展使命感的企业发展循环经济的最现实和最理性的选择;就行业层面而言,在行业发展规划、行业标准制定、业内竞争自律等方面同样应以清洁生产的实施成效作为先进性衡量和价值判断的重要依据,这也是行业协会发挥巨大作用之所在。只有实现微观和中观两个层面的良性互动,宏观的或者说广义的循环经济才能在更广范围和区域得以推动并获得最终成效,进而实现构建资源节约型和环境友好型社会的目标。

三、工业要从传统的线性经济向现代循环经济转轨

由传统的线性经济向现代循环经济转轨,意味着经济领域的一场革命,必须抓住关键,突出重点,构建由企业、区域和全社会三个层面相结合的循环经济体系。

根据循环经济的内在联系,构建企业、区域、社会三个层面的循环经济体系。企业层面的小循环是发展循环经济的基础,要从清洁生产、绿色管理和"零消耗"抓起,实施"物料闭路循环"和能量多级利用,使一种产品产生的废物成为另一种产品形成的原料;根据不同的对象建立水循环、原材料多层利用和循环使用、节能和能源的重复利用,把"三废"控制在综合的范围之内。区域层面的中循环是发展循环经济的联结点,要按照循环经济的要求对老工业区进行整体改造,调整产业结构和工业企业布局;新建工业园区要按照生态产业链的内在要求,将一系列彼此关联的产业链组合在一起,形成生态工业网络体系。而对水、气、油等通用资源则尽可能考虑回收利用或梯级串联利用,最大限度地降低消耗。社会层面的大循环是发展循环经济的最高境界,要以建设"绿色社区"、"绿色商场"、"绿色学校"、"绿色宾馆"等为基础,积

极开展环境保护模范城市和生态示范城市的创建活动,在宣传教育引导和法律约束下,在全社会形成人人厉行节约的良好风尚,创造一个清洁生产、干净消费、资源循环、环境净化的美好社会。

第二节　生态工业园建设模式

生态工业园是建立在一块固定地域上的由制造企业和服务企业形成的企业社区。在该社区内,各成员单位通过共同管理环境事宜和经济事宜来获取更大的环境效益、经济效益和社会效益。整个企业社区能获得比单个企业通过个体行为的最优化所能获得的效益之和更大的效益。

一、生态工业园简介

生态工业园是继经济技术开发区、高新技术开发区之后中国的第三代产业园区。它与前两代的最大区别是:以生态工业理论为指导,着力于园区内生态链和生态网的建设,最大限度地提高资源利用率,从工业源头上将污染物排放量减至最低,实现区域清洁生产。与传统的"设计—生产—使用—废弃"生产方式不同,生态工业园区遵循的是"回收—再利用—设计—生产"的循环经济模式。它仿照自然生态系统物质循环方式,使不同企业之间形成共享资源和互换副产品的产业共生组合,使上游生产过程中产生的废物成为下游生产的原料,达到相互间资源的最优化配置。

二、生态工业园建设的理论基础

20 世纪发展起来的工业生态学和循环经济是生态工业园的理论基础。工业生态学是专门审视工业体系与生态圈关系的、充分体现综合性和一体化的一种新思维。它强调用生态学的理论和方法研究工业生产,把工业生产视为一种类似于自然生态系统的封闭体系,其中一个单元产生的"废物"或副产品。是另一个单元的"营养物"和投入原料。这样,区域内彼此靠近的工业企业就可以形成一个相互依存,类似于生态食物链过程的"工业生态系统"。

循环经济是对物质闭环流动型经济的简称,它是以物质、能量梯次和闭路循环使用为特征的,以"资源—产品—再生资源"为主的物质流动经济模式。它改变了传统工业经济高强度地开采和消耗资源。高强度地破坏生态环境的物质单向流动模式,即"资源—产品—废物",使环境保护和经济增长做到了有机的结合。

生态工业园综合地运用了工业生态学和循环经济理论,把经济增长建立在环境保护的基础上,体现了人与自然和谐相处的思想,是21世纪经济可持续发展的一种重要模式。

三、生态工业园的发展

据数据显示,截至"十一五"期末,我国通过规划论证正在建设的国家生态工业示范园区数量达到39个,其中通过验收的国家生态工业示范园区有12个。目前,中国各个省、大部分地市甚至部分县都开始建设自己的生态工业园。但是,也需要看到的是,一些地方政府盲目跟风,在生态工业园建设初期,对园区的规划和认识不到位,以及后期运营管理缺乏经验,使得生态工业园"形同虚设",并未发挥预期效果,如同"鸡肋",食之无味、弃之可惜。更有甚者,还加重了地区的环境污染,与生态工业园的建设初衷背道而驰。

四、生态工业园的具体标志

生态工业园应使人们在各种社会经济活动中所耗费的活劳动和物化劳动获得较大的经济成果的同时,保持生态系统的动态平衡,其具体标志为:

(一)转换系统

即生态工业园的各项活动在其自然物质—经济物质—废弃物的转换过程中,应是自然物质投入少、经济物质产出多,废弃物排泄少。通过发展高新技术使工业生产尽可能少地消耗能源和资源,通过高新技术提高物质的转换与再生和能量的多层次分级利用,从而在满足经济发展的前提下,使生态环境得到保护。因此,高新技术产业用地应占工业园的比重在30%以上,这是使工业园具有高效益的转换系统必需的基础条件之一。

(二)支持系统

生态工业园应有现代化的基础设施作为支持系统,为生态工业园的物质流、能量流、信息流、价值流和人流的运动创造必需的条件,从而使工业园在运行过程中,减少经济损耗和对生态环境的污染。工业园支持系统应包括:①道路交通系统;②信息传输系统;③物资和能源(主副食品、原材料、水、电、天然气及其他燃料等)的供给系统;④商业、金融、生活等服务系统;⑤各类废弃物处理系统;⑥各类防灾系统等。

(三)环境质量

对生态工业园生产和生活中产生的各种污染和废弃物,都能按照各自的特点予以充分的处理和处置,使各项环境要素质量指标达到较高的水平。

(四)绿地系统

生态工业园的绿地普及应根据联合国有关组织的决定,绿地覆盖率达到50%,居民人均绿地面积达90平方米、居住区内人均绿地面积为28平方米,这样才可能维持工业园区生态系统的平衡。绿地系统还应具备多种功能,包括防护功能(保护水体等);调节功能(空气、水体、温度、湿度等);美化功能;休闲功能(提供娱乐,休闲场所);生产功能(绿色食品生产区和花卉草树苗圃生产基地等)。

(五)人文环境系统

生态工业园应具有高质量的人文环境系统,包括较高的教育水平和人口素质水平,良好的社会风气和社会秩序,丰富多彩的精神文化生活,发达的医疗条件和祥和的社区环境,以及自觉的生态环境意识,只有这样,才能吸引人才、留住人才。

(六)管理系统

生态工业园应具备高效的园区管理系统,对园区内的各个方面,如人口、资源、社会服务、就业、治安、防灾、城镇建设、环境整治等实施高效率的管理,促进工业园区的健康运行。

第三节　生态工业园评价指标体系

发展循环经济是实现新型工业化的必由之路。生态工业园区是循环经济的一种重要表现形式。生态工业园区建设目前成为国内外环保领域的新热点。生态工业园区的构成包括评价指标体系框架，如经济指标、生态环境指标、生态网络指标和管理指标。

一、生态工业园区评价指标体系的设计原则

（一）3R 原则

生态工业园区建设是发展循环经济的一个重要组成部分，所以构建生态工业园区评价指标体系时，应遵循循环经济的 3R 原则（减量、再利用和循环）。3R 原则实施的优先顺序是减量—再利用—循环。

（二）动态性原则

生态工业园区建设是一个持续改进的过程，所以设计指标体系时应充分考虑系统的动态变化，能综合地反映建设现状和发展趋势，便于进行预测与管理。

（三）系统性原则

生态工业园区建设是一项复杂的系统工程，评价指标体系必须能够全面地反映园区可持续发展的各个方面，具有层次高、涵盖广、系统性强的特点。所以，生态工业园区必须采用系统工程的方法来设计。

（四）科学性原则

评价指标体系应能够反映事物的主要特征，本身有合理的层次结构。数据来源要准确、处理方法要科学，具体指标能够反映出生态工业园区建设主要目标的实现程度。

（五）可操作性原则

评价指标体系应充分考虑到数据的可获得性和指标量化的难易程度，定量与定性相结合。它要既能全面反映生态工业园区建设的各种内涵，又能尽

可能地利用统计资料和有关规范标准。

生态工业园区评价指标设定的最终目标是指导、监督和推动生态园区的健康持续发展。因此,每项指标应该是可观、可测、简洁及具有可比性。

二、生态园区评价指标体系框架

根据上述原则,将生态工业园区评价指标体系分解为四类指标:经济指标、生态环境指标、生态网络指标和管理指标。

(一)经济指标

经济指标既要反映当前经济发展水平,又要反映经济发展潜力。经济发展水平可用GDP年平均增长率、人均GDP、经济产投比、万元GDP综合能耗、万元GDP新鲜水耗、万元工业产值废水、废气、固体废弃物排放量等指标表示。经济发展潜力可用高新技术产业在第二产业中所占比重、科技投入占GDP的比例和科技进步对GDP的贡献率等指标来描述。

(二)生态网络指标

生态网络指标是生态工业园区的特征指标,反映物质集成、能量集成、水资源集成、信息共享和基础设施共享的效果。它包括重复利用、柔性特征和基础设施建设等方面。

重复利用方面包括水资源、原材料、能源的重复利用。重复利用率越高,说明园区功能发育得越完善。柔性结构体现园区的抗风险能力,包括产品种类、原材料的可替代性等。产品种类越多,原材料来源越广泛,园区抗击市场风险的能力越强。基础设施建设以人均道路面积来衡量。

(三)生态环境指标

生态环境指标包括环境保护、生态建设和生态环境改善潜力等方面。环境保护方面包括大气、水、噪声环境质量,工业废水、废气、固体废弃物排放达标率,废水、废气、固体废弃物处理率,废水、废气、固体废弃物减排率,工业废物综合利用率和危险废物安全处置率等。生态建设方面包括清洁能源所占比例、人均公共绿地面积、园区绿地覆盖率和地下水超采率等。生态环境改善潜力用环保投资占GDP的比重来表示。

(四)管理指标

管理指标包括政策法规制度、管理与意识等。政策法规制度包括促进园区建设的地方政策法规的制定与实施,园区内部管理制度的制定与实施,企业管理制度的制定与实施。管理与意识包括开展清洁生产的企业所占比例、规模以上企业ISO14001认证率,生态工业培训和信息系统建设等。

四、生态工业园指标取值说明

(一)经济指标

生态工业园区内企业(组织)间已经形成了副产物和废物交换网络,实现物质集成、能量集成、水资源集成和信息共享,因此资源、能源利用率应大幅度提高,万元GDP主要原材料消耗、万元GDP新鲜水消耗应低于全国平均水平。由于每个园区主要原材料各不相同,所以具体指标值目前难以确定,但万元GDP主要原材料消耗必须低于全国平均水平。

(二)生态环境指标

生态工业园区内,大气、水、噪声环境质量应达到国家有关功能区的标准。工业污水、废气、固体废弃物应全部经过处理,并全部达标排放。

废水、废气、固体废弃物减排率体现了建设生态工业园区前后废物减量化程度。生态工业园区建设过程中,应大幅度削减废水、废气、固体废弃物的排放,故建议取值为:废水减排率应大于40%,废气减排率应大于20%,固体废弃物减排率应大于30%。

清洁能源是指消耗后不产生或很少产生污染物的可再生能源、低污染的化石能源和采用清洁能源技术处理后的化石能源。生活用清洁能源所占比例越高,造成的环境污染越小。生态工业园区内,生活用清洁能源所占比例应达到85%以上。

(三)生态网络指标

生态工业园区内,要通过构建工业生态链(网),实现物质集成、能量集成、水资源集成,提高原材料、能源、水资源的重复利用率。生态工业园区必须达到一定的规模,才能抗击市场风险。要求产品结构合理,产品种类不能过于单调,建议产品种类达到8种以上。

(四)管理指标

建设生态工业园区,必须取得地方政府的支持。地方政府应制定并实施促进园区建设的地方政策法规,在财政、金融、税收、投资、人才、知识产权、排污收费、土地使用等要素管理方面给予政策支持,保证园区健康持续发展。此外,还必须制定并实施园区内部管理制度和企业管理制度。

第四节 国内外生态工业园典型模式

一、国外生态产业园区建设典型案例

生态产业园区是依据循环经济理论和生态原理而设计成的一种新型产业组织形态。目前,全球已有超过100多个生态工业园项目在建设之中。生态产业园区遵从循环经济的减量化、再使用、再循环原则,其目标是尽量减少区域废物,通过废物交换、循环利用、清洁生产等手段,最终实现园区的污染物"零排放"。

(一)美国切塔努嘎生态工业园

美国田纳西州小城切塔努嘎(Chattanooga)生态工业园是全球节能降耗与效益增进的典型代表。切塔努嘎曾经是一个以污染严重闻名全美的制造业中心。在该园区,以杜邦公司的尼龙线头回收为核心推行企业零排放改革,不仅减少了污染,而且还带动了环保产业的发展,形成了园区新的经济增长点。该园区突出的特点是通过重新利用老工业企业的工业废弃物,以减少污染和增进效益。原有的旧钢铁铸造车间改造成一个用太阳能处理废水的生态车间,而旁边是利用循环废水的肥皂厂,紧临的是急需肥皂厂副产物做原料的另一家工厂,通过企业间物料能量循环,达到少排放甚至"零排放"目标。

(二)加拿大伯恩赛德生态工业园

加拿大伯恩赛德工业园建立于1975年,于1995年开始按照生态工业园区的模式进行设计改造。园占地约1200公顷,拥有涉及包括制造业以及零售业等服务业在内的数十个行业的1200多家和18000多人口。

园区鼓励企业生产、使用和出售环境友好产品,专门成立了清洁生产中心为园区内企业提供清洁生产的技术服务,包括信息共享平台;废物排放最小化、资源利用效率最大化等预防污染与清洁生产方案;监督企业执行生态保护措施;进行废物评价;鼓励企业合作,相互利用产品和废物,等等。

清洁生产中心采取产学研合作模式,由加拿大达尔胡西大学环境学院负责园区内部的生态效率中心的维护和管理,当地政府和园区企业负责提供融资支持,在大学科研力量的帮助下开展物流和能流的优化工作,促进企业之间的副产品交换及其他合作,实现园区内1200多家企业的"绿色化"生产。

(三)丹麦卡伦堡生态工业园区

丹麦卡伦堡生态工业园区是目前国际上工业生态系统运行最为典型的代表。该园区采取面向共生企业的循环经济发展模式,即把不同的工厂连接起来形成共享资源和互换副产品的产业共生组合,使得一家工厂的废气、废热、废水、废物成为另一家工厂的原料和能源,从而在更大范围内实现物料循环,减少废弃物排放。

卡伦堡生态工业园以燃煤电厂、炼油厂、制药厂和石膏制板厂四个厂为核心,通过贸易的方式把其他企业的废弃物或副产品作为本企业的生产原料,建立工业横生和代谢生态链关系,最终实现园区的污染"零排放"。其中,燃煤电厂位于工业生态系统的核心,对热能进行多级使用,对副产品和废物进行综合利用。电厂向炼油厂和制药厂供应发电过程中产生的蒸汽,使炼油厂和制药厂分别获得生产所需热能的40%和100%;通过地下管道向卡伦堡全镇居民供热,由此关闭了镇上3500座家庭锅炉,减少了大量的烟尘排放;剩余热量还用于渔业养殖,鱼池淤泥又用来制作有机肥料出售,使电厂的热能效应得到最大限度的发挥。电厂还投资115万美元安装除尘脱硫设备,每年产出8万多吨硫酸钙全部出售给石膏板厂,使该厂从西班牙进口原料减少50%;将粉煤灰出售,供铺路和生产水泥之用。炼油厂则将产生的火焰气通过管道供石膏厂用于石膏板生产的干燥,减少火焰气的排空;进行酸气脱硫生产的稀硫酸供给附近的一家硫酸厂,脱硫气供给电厂燃烧;将废水经生物净化处理,通过管道向电厂输送,每年输送电厂70万立方米的冷却水,占电厂淡水需求量的25%。

目前,该园区已发展成为一个包括发电厂、炼油厂、制药厂、石膏厂、硫酸厂、水泥厂以及种植业、养殖业、园艺业和卡伦堡镇供热系统在内的生态经济社会复合系统。通过能量物质在各企业间梯级开发和循环利用,极大地提高了资源利用效率,降低了生产成本,消除了环境污染。全系统每年约节省4.5万吨石油、1.5万吨煤炭、60万立方米淡水,减排17.5万吨二氧化碳和1.02万吨二氧化硫,还使13万吨炉灰、4500吨硫、9万吨石膏、1440吨氮和600吨磷实现资源化重新利用。据统计,卡伦堡生态工业园区由此产生的经济效益每年约1000万美元;每年可节约资金150万美元左右,目前已累计节约资金1亿美元左右。

(四)日本北九州生态工业园

北九州工业区是日本的重化工业基地,也是世界著名的老工业基地。二战后,九州工业区主导产业逐步衰退,区域环境污染严重。政府将"产业振兴"和"环境保护"两大政策有机结合在一起,通过建设生态工业园区实现了成功转型。

北九州生态工业园由中心区、环保企业聚集区、响滩再生利用区和环保研发中心四个功能区组成。中心区是开展环境教育的基地,如举办环保知识讲座,举办环保技术相关研修、讲座,推广环保技术。

环保企业聚集区为开展环保产业化项目的区域,通过各企业的相互合作,推进区域内零排放型产业联合企业化,成为资源循环基地。特别是建立了复合设施项目,将生态工业园的企业排放出的残渣、汽车的碎屑等主要工业废物进行合理地处理,并将处理过程中的熔解物质再资源化,同时,利用产生的热量进行发电,提供给园区内的各家企业。

响滩再生利用区是市政府开辟的专用土地,长期出租给企业,扶持中小型企业在环保领域内发展,由汽车再生区域和新技术开发区域组成。汽车再生区域是由分散在城区内的7家汽车拆解工厂集中在一起,以更合理更有效的方式开展汽车再生使用产业活动。新技术开发区域有食用油再生项目、清洗剂和有机溶剂再生项目、塑料油化再生项目等。

环保研发中心是专门从事实验研究的区域。企业、政府、大学联合起来进行尖端的废物处理技术、再生利用技术和环境污染物质合理控制技术的研发,如该中心已经进行了废纸再利用、填埋再生系统的开发、封闭型最终处理场、完全无排放型最终处理场、最终处理场早期稳定化技术开发、废弃物无毒化处理系统,以及食品垃圾生物质塑料化等多项实验研究。

二、国内典型循环经济园区建设案例

(一)天津子牙环保产业园

天津子牙环保产业园是 2007 年经国务院批准,被国家发改委等六部委命名为国家循环经济试点园区,同时被国家工业和信息化部命名为国家级废旧电子信息产品回收拆解处理示范基地。该园区是目前我国北方规模较大的经营进口废弃机电产品集中拆解加工利用的专业化园区。

园区规划面积 29.81 平方公里,其中工业区规划 21 平方公里,科研服务功能区及居住功能区规划 8.81 平方公里。重点发展废旧机电产品拆解加工业、废旧电子信息产品拆解加工业、报废汽车拆解加工业、废旧轮胎及塑料再生利用业四大主导产业,构建"一心、两带、三轴、三区"的总体布局结构。"一心"为高标准的科研服务中心;"两带"为林下经济发展带和子牙河生态保护带;"三轴"为黑龙港河景观发展轴、高常快速路综合发展轴、新津涞公路产业发展轴;"三区"为产业功能区、科研服务功能区、居住功能区。

目前,园区已开发 2.5 平方公里,各项专门用于废旧物资拆解的基础设施建设基本完备,日处理能力 1000 吨的污水处理厂、废旧电机集中处理中心、废旧电线集中处理中心、固体废弃物集中储存转运中心等已竣工并投入使用,企业清洁生产、拆解利用和精深加工紧密衔接的生产格局基本形成。入园企业 105 家,年拆解加工能力达到 100—150 万吨,每年可向市场提供原材料铜 40 万吨、铝 15 万吨、铁 20 万吨、橡塑材料 20 万吨,其他材料 5 万吨,形成了覆盖全国各地的较大的有色金属原材料市场。

园区按照"高利用、低排放、高产出、低污染"的原则,率先在国内同类园区中实行封闭式管理,严格控制园区污染物总量排放。对入园企业进口的废弃机电产品从拆解加工到拆解后各种成分的去向实行全程监管;在核准备案的同时,按照市环保局的统一要求,进行环境评价;按照环保"三同时"的要求对企业进行监测,未达标的一律不准投入生产;严格对固体废弃物进行集中处置,对拆解、加工过程中产生的无利用价值的残余物,由园区废弃物储存转运中心进行封存,送交天津市危险品处理处置中心作无害化处理。目前,子牙环保产业园初步形成了"企业小循环、园区中循环、社会大循环"的生产方式,园区生产的铜米、铜锭、铝材、橡塑材料等不仅为本市 150 多家有色金属加工企业提供了生产原料,缓解了资源需求矛盾,为园区所在的静海县 2 万农村剩余劳动力提供就业岗位,而且,这些再生材料还远销河北、山东、江苏及东北地区,循环经济示范效应逐步显现。

(二)苏州环保产业园

苏州国家环保高新技术产业园,是国家环保总局批准的首家国家级环保高新技术产业园。该园区坐落于苏州国家高新技术产业区内,首期占地面积 400 亩,总投资 10 亿元,开发建设 3 万平方米集科研、环保产品展示和展销、技术交易和信息交流于一体的智能环保型科技中心;4 万平方米环保宣教培训中心;13 万平方米产业孵化生产区和中试基地,形成科研与生产于一体的生态环保科技示范园。目前已吸引了栗田工业超纯水处理有限公司、昴星团超声波技术有限公司、伟翔电子废弃物处理技术有限公司等 60 多家环保企业。

创业园建成了全国首家国际环保产品与技术交易中心,拥有展位 252 个,每年定期举办节能产品与技术、清洁生产技术、固废综合利用等展会和培训活动。

创业园还与江苏省环境科学研究院、南京师范大学和南京大学技术合作建设了水环境生态修复中试平台和饮用水源有机毒物处理平台两个省级中试平台,用于研究以太湖为代表的湖泊富营养化问题和水厂受到水源微污染导致饮用水源的毒源性和安全性下降的问题。在孵的环保企业可通过该平台进行一系列的工艺中试。同时,创业园还利用苏州高新区环保监测站和国环检测公司资源,设立面对广大在孵企业的公共开放式实验基地,为企业提供各类环境检测服务。

(三)沈阳再生资源生态产业园

沈阳再生资源生态产业园,位于国家装备制造业示范基地——沈阳铁西新区冶金工业园内,是2007年经国家批准建设的循环经济试点单位是国家商务部批准实施的沈阳市再生资源回收利用体系建设的核心和标志性工程。

园区规划用地3平方公里,分为海关集装箱区、分选拆解区、再生深加工区、交易仓储区、三废处理区、商务办公区、技术研发区、综合服务区与员工生活区等。一期项目占地1000亩,建成废旧汽车拆解、废电线电缆拆解等5条生产线,建成废钢铁、废杂铜、废橡胶等6条资源再生和初加工生产线和1条贵金属提取生产线,初步形成资源再生利用产业链和产业网络,可进驻32家生产企业和20家经营服务型企业,年拆解加工能力100万吨,可提供1万个就业岗位。园区全部建成后,年总销售额将超过500亿元,解决就业人口4万余人,成为集进口的七类、十类废料、报废汽车压件与国内废旧金属的拆解、分类、初加工、深加工、科技研发、再生金属材料贸易于一体的再生资源生态产业园。

园区在国内同行业中率先提出"静脉产业企业孵化器",以"再生资源交易中心"为先导,通过提供生产、经营、研发的场地,通讯、网络、办公等方面的共享设施,系统的培训、咨询以及政策、融资、担保、法律和市场推广等方面的支持,大大降低了入园企业的投资风险,增强了新生企业的活力。

(四)广州开发区

广州开发区包括广州经济技术开发区、广州高新技术产业开发区、广州出口加工区和广州保税区四个国家级经济功能区。开发区经济规模在全国开发区中位居首位,2007年全区实现地区生产总值947.66亿元,占广州市生产总值的13.44%;实现工业总产值2451.34亿元,占全市工业总产值的24.83%;产值超亿元企业达到234家,占全区总产值的93.59%。园区聚集了包括IBM、微软、英特尔、SONY、杜邦、甲骨文、西门子等在内103家跨国公司500强企业。

广州开发区是国家第二批循环经济试点园区,目前已经编制完成《广州经济技术开发区国家循环经济试点实施方案》并经国家发改委批准实施;出台《关于加快推进循环经济发展的若干意见》,积极推进一批循环经济重点项目建设和关键技术实施;设立1500万元循环经济专项奖励资金,推进一批资源梯级利用、循环利用企业的发展。通过利用循环经济专项资金,带动了赫尔普、华德、迪森、珠江钢铁、恒运等一批节能和资源综合利用项目取得明显成效,预计可带动社会投资超过 10 亿元,初步估算节约 40 多万吨标煤,节电 1500 万度,节水 400 万吨,减少 SO_2 排放 6000 吨,回收固体废弃物 4 万多吨。企业清洁生产全面开展。目前,已有珠江钢铁、恒运电厂的 11 家企业通过清洁生产审核,约 20 家企业正积极组织实施。开展萝岗中心区和广州国际生物岛循环经济示范区域建设,积极推进萝岗新城的建筑节能、节能空调应用、垃圾真空回收以及广州国际生物岛的集中供冷、地埋再生水厂、风光互补路灯系统等项目实施。

广州国际生物岛是广州开发区循环经济建设重点示范区域,位于广州市东南端的官洲岛,定位为国际化的生物技术和医药研发及产业化基地,规划占地面积 1.8 平方公里,首期开发面积约 55 万平方米,分为科研生产区、技术服务与生活服务区三大功能区。《广州国际生物岛循环经济技术规划》已经编制完成,未来将严格把生态型和循环经济理念贯穿到建设中,将重点开展湿地建设、建筑节能、节能照明、水资源综合利用和再生资源综合利用等工作。

湿地建设。广州国际生物岛将通过保护和利用自然山体、湿地及滨水地带,开发成主题公园,营造出湿地公园、山地公园、环岛滨水休闲绿化带等自然与人工相结合的生态景观区域。主题公园分布在生物岛的中部,是全岛的自然地标;湿地公园则是利用现有湿地生态结合人工景观塑造的主题公园,保留咸水草、芦苇等水草和落羽杉等水生植物形成的植物群落;山地公园以现状山体为基础,结合山脚的环形绿地规划而成;环岛滨水休闲绿化带是生物岛与仑头水道和官洲水道的自然衔接界面,与大学城滨水公园、瀛洲生态公园等组成珠江一河两岸的自然风光。

风能和太阳能照明。采用风光互补路灯,即在灯杆上安装风机和太阳能电池板发电,在灯杆下埋下蓄电池储电,利用太阳能与风能在时间和地域上有很强的互补性,设立独立的电源系统,循环利用风能和光能,满足照明需要。这种利用风能和太阳能发电的路灯最初投入大约需要 2.5 万元,比传统路灯高。但由于不采用高压电源,其使用寿命一般可达 15 年。

全地埋式再生水厂建设。水厂通过收集岛内每日约 1.3 万吨的市政污水,采用国际领先的膜分离技术与生物技术相结合的MBR处理工艺,将污水直接处理到优于城市杂用水水质标准,通过覆盖全岛的杂用水管网输送到每家每户,满足岛内绿化、水体景观、道路冲洗、冲厕等杂用水的需求。再生水厂建成后将实现岛内污水的就地处理、就地回用的良性循环。此外,再生水厂采用全封闭、零公害、无污染、全地下的建设方式,主要的污水、废气处理设施全部位于地下,地上部分将用作城市景观建设或休闲场所。地下全封闭再生水厂除了减少空气污染,还实现了土地的集约化利用。

典型案例

河北:循环经济 托起曹妃甸新型工业化基地

"任何一个企业都不可能做到'零排放',但可以通过发展循环经济做到物尽其用,变废为宝,吃干炸净",曹妃甸工业区一位工作人员说。

曹妃甸工业区作为国家首批发展循环经济试点产业园区之一,坚持科学发展观及绿色崛起的理念,按照"减量化、再利用、资源化"原则,以建立循环经济产业体系、资源综合利用管理控制体系、生态建设和环境保护体系为重点,打造钢铁、石化、电力和装备制造等循环经济产业链,形成完整的废旧物资和废弃物回收利用系统,最大限度地节约资源、保护环境,实现人与自然的和谐发展,实现经济社会的健康、可持续发展。

"我们在选择企业的时候,不符合循环经济产业规划的项目,不符合低污染、低能耗、低排放的项目,一律不许进入工业区;我们大力扶持进区企业加大科技投入,实施技术改造升级,节能降耗,打造高端产品",上述工作人员说。

曹妃甸钢铁(电力)园区将重点发展以钢铁、电力、海水淡化等产业为龙头的循环经济产业链集群,构筑以首钢、华润电力、北控水务等企业为龙头的钢铁、电力—海水淡化—浓盐水综合利用两大循环经济产业链条,逐步形成高效综合利用资源、能源的循环经济新型工业化园区。

首钢搬迁曹妃甸后实施提质升级,采用新理念、新技术、新工艺,瞄准产业高端,生产生产高技术含量、高附加值、社会需求比较高的高端板材,比如汽车、家电板材、管线钢、易拉罐用材等。目前,海尔、美的、格力等国内较大的家电企业已成为其稳固的合作伙伴,家电板材市场占有率第一,达到23%。汽车板材销量也在不断增加,汽车结构钢中的车轮钢,市场占有率第一。

为节能降耗,首钢投资70亿元大力发展循环经济,以"减量化、再利用、资源化"为原则,以低消耗、低排放、高效率为特征,对生产过程中的余热、余压、余气、废水、含铁物质和固体废弃物充分循环利用,基本实现零排放,使新钢厂具有钢铁生产、能源转换、城市固废消纳和为相关行业提供资源等功能。

在"减量化"方面,首钢广泛采用厚料层烧结、连铸坯热送热装等先进工艺、高炉煤气和转炉煤气干法除尘新技术、海水直流冷却先进工艺等方法减少生产过程中废渣、废料及污染物的产生。

在"再利用"方面,把生产过程中的转炉煤气、焦炉煤气全部回收利用,利用富余的煤气、回收的干熄焦高温余热、高炉炉顶煤气余压发电,这些通过综合利用建设的发电设施,每年发电量可达到55亿千瓦时,占钢铁厂总用电量的94%,基本不需要外购电即可满足钢铁厂生产的用电。

在"资源化"方面,钢铁厂与社会之间形成资源循环利用的产业链,为相关行业提供资源。钢铁厂海水淡化产生的每年约1800万吨浓盐水供给附近的南堡盐场,制盐期可缩短一半。钢铁厂每年产生约240万吨高炉水渣、70万吨转炉钢渣和30万吨电厂粉煤灰等排放物,采用新的加工技术使之转变为高品质的建筑原料。主要包括:与首钢总公司、冀东水泥股份有限公司合作,建设4×60万吨/年的矿渣细磨水泥生产线,每年减少水泥行业石灰石开采250万立方米、能源消耗22万吨标准煤、粉尘排放7万吨。回收社会产生的废塑料,在高炉喷吹和炼焦时加以利用,钢铁厂在设计中已预留了位置,并且炼焦添加废塑料已在首钢试验成功。钢铁厂内部焦炉煤气脱硫采用真空碳酸钾法,利用脱硫生产浓度为78%的硫酸供焦化厂自用。

首钢只是曹妃甸发展循环经济的典型代表,其他企业的循环经济发展同样成效显著。华润电厂生产的电能、外排的低温废气和直流冷却后的温海水,可以直接用于膜法、热法海水淡化生产,海水淡化后产生的浓盐水被输送到三友化工制碱用。三友化工制碱产生的白泥,又能够取代华润电力脱硫时使用的石灰石粉。脱硫后生成的物质,又成为唐山市红星海联物资有限公司制作石膏的原料。在三友集团内部,循环生产涵盖了主辅业大大小小16个生产部门,集团所有装置产生的液体、固体废物都被有效利用。

在曹妃甸,循环经济已成为招商引资及入住企业长远发展的"必修课",在企业内部、企业之间都能看到由循环经济连贯起来的互为利用的"生产关系网"。

同时,着眼构建唐山未来发展的战略支撑,曹妃甸把新能源、节能环保、生物医药作为重点,在区域内加快发展战略性新兴产业,打造新型工业化基地,实现绿色崛起。

(来源:中国经济网2014年7月26日)

思考与探索

1. 为什么说清洁生产是发展循环经济的重要基础?
2. 什么是生态工业园?
3. 生态工业园评价指标体系的设计原则有哪些?

第八章
服务业循环经济

随着社会经济的发展,产业结构的调整,科学技术的进步,社会生产和人民生活都对现代服务业提出了新的要求,并为现代服务业的快速发展创造了条件。循环型服务业是在现代服务业的发展过程中,借鉴循环经济的发展理念所创新出的一种新的发展模式。

现代服务业是伴随着信息技术和知识经济的发展而产生,用现代化的新技术、新业态和新服务方式改造和提升传统服务业,创造需求,引导消费,向社会提供高附加值、多层次、知识型的生产服务和生活服务的国民经济新领域。

第一节 现代服务业概述

现代服务业大体相当于现代第三产业。国家统计局在1985年《关于建立第三产业统计的报告》中,将第三产业分为四个层次:第一层次是流通部门,包括交通运输业、邮电通讯业、商业饮食业、物资供销和仓储业;第二个层次是为生产和生活服务的部门,包括金融业、保险业、公用事业、居民服务业、旅游业、咨询信息服务业和各类技术服务业等;第三个层次是为提高科学文化水平和居民素质服务的部门,包括教育、文化、广播电视事业,科研事业,生活福利事业等;第四个层次是为社会公共需要服务的部门,包括国家机关、社会团体以及军队和警察等。

一、现代服务业的分类与时代特征

根据 2012 年 2 月 22 日,国家科技部发布的第 70 号文件,现代服务业是指以现代科学技术特别是信息网络技术为主要支撑,建立在新的商业模式、服务方式和管理方法基础上的服务产业。它既包括随着技术发展而产生的新兴服务业态,也包括运用现代技术对传统服务业的改造和提升。

它有别于商贸、住宿、餐饮、仓储、交通运输等传统服务业,以金融保险业、信息传输和计算机软件业、租赁和商务服务业、科研技术服务和地质勘查业、文化体育和娱乐业、房地产业及居民社区服务业等为代表。

(一)现代服务业的分类

现代服务业是相对于传统服务业而言,适应现代人和现代城市发展的需求,而产生和发展起来的具有高技术含量和高文化含量的服务业。主要包括以下四大类:

1. 基础服务(包括通信服务和信息服务)。
2. 生产和市场服务(包括金融、物流、批发、电子商务、农业支撑服务以及中介和咨询等专业服务)。
3. 个人消费服务(包括教育、医疗保健、住宿、餐饮、文化娱乐、旅游、房地产、商品零售等)。
4. 公共服务(包括政府的公共管理服务、基础教育、公共卫生、医疗以及公益性信息服务等)。

(二)现代服务业的时代特征

现代服务业具有"两新四高"的时代特征。

一新:新服务领域。适应现代城市和现代产业的发展需求,突破了消费性服务业领域,形成了新的生产性服务业、智力(知识)型服务业和公共服务业的新领域。

二新:新服务模式。现代服务业是通过服务功能换代和服务模式创新而产生新的服务业态。

四高:高文化品位和高技术含量;高增值服务;高素质、高智力的人力资源结构;高感情体验、高精神享受的消费服务质量。

现代服务业具有资源消耗少、环境污染少的优点,是地区综合竞争力和现代化水平的重要标志。

现代服务业在发展过程中呈现集群性特点,主要表现在行业集群和空间上的集群。

二、现代服务业的内容

现代服务业是指农业、工业和建筑业以外的其他各行业,即国际通行的产业划分标准的第三产业,其发展水平是衡量生产社会化和经济市场化程度的重要标志。服务业按服务对象一般可分类为生产性服务业、生活(消费)性服务业、公益性服务业。

现代服务业具有现代与传统的交融性、要素的智力密集性、产出的高增值性、供给的多层次性和服务的强辐射性等特点,它广泛渗透在国民经济和社会发展各个领域。

循环型现代服务业是和循环型农业、循环型工业相类似的一个名词。在当前,人们所关注的更多的是生态工业、生态农业的概念,对于循环型现代服务业,还是一个比较模糊的概念。它主要是在现代服务业的发展过程中,加入了循环经济的发展理念,所创新出的一种发展模式。

三、现代服务业的三种形态

现代服务业与先进制造业融合的三种形态:

(一)结合型融合

结合型融合,是指在制造业产品生产过程中,中间投入品中服务投入所占的比例越来越大,如在产品中市场调研、产品研发、员工培训、管理咨询和销售服务的投入日益增加;同时,在服务业最终产品的提供过程中,中间投入品中制造业产品投入所占比重也是越来越大,如在移动通信、互联网、金融等服务提供过程中无不依赖于大量的制造业"硬件"投入。这些作为中间投入的制造业或制造业产品,往往不出现在最终的服务或产品中,而是在服务或产品的生产过程中与之结合为一体。发展迅猛的生产性服务业,正是服务业与制造业"结合型"融合的产物,服务作为一种软性生产资料正越来越多进入生产领域,导致制造业生产过程的"软化",并对提高经济效率和竞争力产生重要影响。

(二) 绑定型融合

绑定型融合,是指越来越多的制造业实体产品必须与相应的服务员产品绑定在一起使用,才能使消费者获得完整的功能体验。消费者对制造业的需求不仅仅是有形产品,而是从产品购买、使用、维修到报废、回收全生命周期的服务保证,产品的内涵已经从单一的实体,扩展到未用提供全面解决方案。很多制造业的产品就是为了提供某种服务而生产,如通信产品与家电等;部分制造业企业还将技术服务等与产品一同出售,如电脑与操作系统软件等。在绑定型融合过程中,服务正在引导制造业部门的技术变革和产品创新,服务的需求与供给指引着制造业的技术进步和产品开发方向,如对拍照、发电邮、听音乐等服务的需求,推动了由功能单一的普通手机向功能更强的多媒体手机的升级。

(三) 延伸型融合

延伸型融合,是指以体育文化产业、娱乐产业为代表的服务业引致周边衍生产品的生产需求,从而带动相关制造产业的共同发展。电影、动漫、体育赛事等能够带来大量的衍生品消费,包括服装、食品、玩具、装饰品、音像制品、工艺纪念品等实体产品,这些产品在文化、体育和娱乐产业周围构成一个庞大的产业链,这个产业链在为服务业供应上带来丰厚利润的同时,也给相关制造产业带来了巨大商机,从而把服务业同制造业紧密结合在一起,推动着整个连带产业共同向前发展。有资料显示,美国等电影产业比较发达的国家,票房一般只占到电影收入的三分之一,其余则来自相关的电影衍生产品。发达国家的经验表明,在整个动漫游戏的庞大产业链中,有百分之七十到八十的利润是靠周边产品来实现的。

第二节 大力发展生态旅游

生态旅游是满足生态时代人们高层次的旅游需要,实现生态环境资源的社会经济价值,促进生态环境保护,进行生态教育的生态工程和旅游活动。生态旅游不仅是一项旅游经济活动,而且也是一项复杂的生态工程。

国际旅游业作为新兴的产业,从二战至今其发展观念经历了三大演进历程:第一、"无烟产业"旅游发展观,认为旅游业销售的是风景,带来的是经济收益,对环境没有负面影响。第二、"环境公平"旅游发展观。1980年马尼拉国际研讨会上,提出了"可替代性旅游"概念,承认旅游会破坏环境,因此应加强环境保护,提倡环境公平。可替代性旅游产品体现了环境意识和控制开发规模,包括自然旅行、自然观光、生态旅游等,其共同的指向是自然取向,即亲和自然、保护自然。第三、可持续旅游发展观。1990年温哥华"90全球可持续发展大会"上,提出了《旅游持续发展行动战略》草案,其核心思想是:在人类社会可持续发展的宏观背景下,旅游业必须以可持续发展思想为发展理念。生态旅游作为可持续旅游发展的一种实践形式,将成为21世纪国际旅游的主流。

一、生态旅游涵义

　　生态旅游是一个外来语,即Ecological Tourism,在美国著名旅游学者豪金斯于1980年编写的名为《旅游规划与开发问题》的论文集中收录了加拿大学者克劳德·莫林的《有当地居民和社团参与的生态和文化旅游规划》,这篇论文所使用的"生态旅游"概念,是针对乡村旅游中自然环境与人文环境而言的,莫林并没有对生态旅游作出一个严格的限定。1983年,国际自然与自然资源保护联盟(IUCN)生态特别顾问豪·谢贝洛斯·拉斯喀瑞在文章中所使用的"生态旅游"(Ecotourism)一词,被赋予了两个基本含义:旅游对象是自然生态环境,旅游方式是不对自然环境造成破坏。1988年,他又进一步给出了生态旅游的定义"生态旅游作为常规旅游的一种特殊形式,旅游者在欣赏和游览古今文化遗产的同时,置身于相对古朴、原始的自然区域,尽情研究野生动植物和享受旖旎的风光。"随后,中、外专家和各种旅游组织又纷纷从各自的研究领域出发,对生态旅游作出了不同角度的定义。

　　上述有关生态旅游的诸多定义在很大程度上显示出,对于如何准确地界定生态旅游,目前人们的意见并未完全统一。人们大都是根据自己对生态旅游的认识和理解,从不同的角度或侧面,将生态旅游的有关属性或特征作为对其描述的基础。综合国内外专家对生态旅游的描述,生态旅游概念中所包含的要素可以概括为以下几个方面:

（一）自然环境

即生态旅游的开展是以自然环境为依托，自然环境是生态旅游开展的地域条件。虽然生态旅游活动的吸引物除了这一环境中的天赋事物以外，也涉及这一环境中的文化因素，但并非在拥有文化吸引物的所有地域开展的旅游活动皆属于生态旅游。

（二）可持续性

即生态旅游的开展条件必须能够具备可持续性。这里所说的可持续性主要是指，这一环境中的自然生态和原有文化事物不能因旅游活动的开展而出现不可接受的质量下降，更不能危害子孙后代借助这些条件开展旅游活动的可能性。

（三）对当地社区的利益回报

即生态旅游的开展和旅游者的来访应当能够有助于增加当地的经济收入，提高当地百姓的生活质量，同时可为当地环境质量的维护工作补充和扩大资金来源。

（四）环保教育

即生态旅游活动的开展不仅要求其组织者和接待者主观上注意环保知识的普及，帮助广大游客了解和认识生态环境与人类发展的关系，使来访游客不单单在身体上实现回归自然，而且在精神上也能回归自然，同时要求旅游者约束自己有害于当地环境的行为。

二、生态旅游的主要内容

由于生态系统的对象主要是相对完整的自然生态系统，所以自然生态系统的可持续发展必然成为生态旅游可持续发展的重要内容。生态旅游系统主要有生物和非生物的环境两大部分组成。系统内的生物群落即生命系统，包括生产者、消费者、分解者；非生物环境即非生命的系统，包括：阳光、空气、水、土壤和无机物等等，他们共同构建了一个丰富多彩的相对稳定的结构系统，成为组成生态旅游的主要吸引物。良好丰富的自然生态环境是生态旅游的目的地。自然生态系统容不得任何耗竭性的消费，因此，无论是经营开发者、管理决策者，还是旅游者，对保护自然生态都有不可推卸的责任，都必须在生态旅游实践中认识自然、保护自然。这种生态环境保护对自然生态系统的正常发展、循环稳定的维护,同时也包括对人类与自然和谐相处系统的维护,即对当地文化的尊重。这种对旅游对象尊重与保护的责任是生态旅游可持续发展的重要内涵。

三、生态旅游的特点

(一)保护性

与传统旅游业一样,生态旅游也会对旅游资源和旅游环境产生负面影响。但是,生态旅游是针对传统旅游活动对旅游资源和环境的负面影响而提出的,保护性是它区别于传统旅游的最大特点。生态旅游保护性的实质是要求旅游者和旅游业约束自己的行为,以保护旅游资源和旅游环境。

生态旅游的保护性体现在旅游业中的各个方面。对于旅游开发规划者而言,保护性体现在遵循自然生态规律,进行人与自然和谐统一的旅游产品开发设计,充分认识旅游资源的经济价值,将资源的价值纳入成本核算,在科学的开发规划基础上谋求持续的投资效益;对于管理者而言,保护性体现在资源环境容量范围内的旅游利用,杜绝短期行为,谋求可持续的经济、社会、环境三大效益的协调发展;对于游客而言,保护性体现在环境意识和自身素质的提高,自觉地保护旅游资源和环境。对于与旅游业与其他产业的关系而言,保护性体现在对当地产业结构进行合理的规划和布局,谋求当地长久的最佳综合效益。

另外,传统旅游的最大受益者是开发商和游客,而旅游活动对旅游资源和当地环境所造成的负面影响(如当地水资源和食物的消耗、旅游基础设施和交通设施的建设往往在一定程度上破坏景观和生态环境、旅游活动产生的各种各样污染等)则主要由当地居民承担,使旅游业与当地社区之间处于对立状态,不利于旅游资源和当地环境的可持续发展,甚至造成旅游资源和环境的严重破坏。而生态旅游则强调当地社区的居民是旅游活动的积极参与者并应当公平地获得分配旅游业社会经济效益的机会,只有旅游资源的利用和保护让当地居民受益,才可能实现旅游资源和环境的可持续发展。强调当地居民公平地获得分享旅游业的社会经济效益的权利也是生态旅游保护性的内容之一。

（二）普及性

在我国,生态旅游的普及性不仅体现在生态旅游者的普及上,也体现在旅游资源的普及上。生态旅游是建立在传统旅游基础上的,因此,中国的生态旅游不应是高消费和高素质者的特权,只要以了解当地环境的文化与自然历史知识为旅游目的,并能够自觉地保护和珍视旅游资源和环境,普通的工人、农民、职员、学生等都可成为生态旅游者。从旅游资源上说,西方国家将生态旅游仅仅定位于自然景观,而我国是具有五千年悠久历史的文明古国,中国的自然已经与文化融合为一体,所以,中国生态旅游的对象不仅仅是自然景观,而且包括与自然和谐的文化景观。

（三）专业性

生态旅游具有比较高的科学文化内涵,这就要求旅游设施、旅游项目、旅游路线、旅游服务的设计和管理均要体现出很强的专业性,以使游客在较短的时间内获得回归大自然的精神享受和满足,启发和提高游客热爱和保护大自然的意识,进而自觉地保护旅游资源和环境;同时,旅游管理的专业性也是旅游资源和环境得以保护和持续利用以及实现三大效益的协调发展的前提条件之一。再者,专业性还体现在游客的旅游心理上。生态旅游者不是没有自己确定的旅游目的、被卷入旅游时尚潮流的盲目旅游者,也不是为追求豪华奢侈的物质享受、认为金钱可以买断自然的旅游者,而是具有欣赏、探索和认识大自然和当地文化的明确要求的较高层次的游客。

四、生态旅游的价值意义

我国1979年以来旅游业发展很快,许多学者结合中国旅游经济发展的实际,阐述和论证了旅游经济在国民经济中的地位和作用,对旅游资源开发、利用和保护,旅游业经营管理体制,旅游发展等问题进行了比较广泛的研究,一些与旅游相关的学科纷纷出现,关于旅游与经济、旅游与环境、旅游与文化的研究成果也逐年增多。然而实践层面上我国旅游业的发展令人始料不及的影响就是严重的环境后果。人工化、商业化、城市化使风景名胜区,甚至包括已列入"世界遗产名录"的一些自然风景,越来越多地受到人为开发的破坏,损害了景观的整体性、统一性和独特性,导致人与自然的不相协调。说明旅游业还没有真正从思想观念深处落实科学发展观,所谓生态旅游只强调到大自然中去,单纯追求旅游资源的经济价值,忽视了自然资源的全息价值,造成了旅游活动对环境的破坏,使生态旅游成为一个虚假的"旗号",本质上却成为破坏生态的旅游。

旅游产业作为我国产业结构调整的重要内容,生态旅游作为我国可持续发展的重要组成部分,发展生态旅游意义重大。进行生态旅游研究以及发展生态旅游实践,必须以科学发展观为导引,从生态文明的高度、循环经济的角度和环境伦理的深度,科学解读和领悟生态旅游的哲学意蕴,运用当代国际先进理论成果探索提高旅游媒体和旅游主体的环境意识、树立循环经济理念,深刻认识和发掘旅游资源的多重价值,构建先进的理论框架、实践管理的制度建设和科学可行的评价体系。

第三节 循环物流的涵义

循环物流系统是指物及其物流衍生物发生的空间和时间的位置移动的循环系统,是由正向物流与逆向物流相互联系构成的物流系统。循环物流系统中流动的物分为两类:一种是消费者需要的物品;另一种不是消费者需要的物品,是物流过程中形成的衍生物。

一、循环物流的内涵

(一)循环物流系统中流动的物

衍生物分为两类:一类是直接衍生物,主要指物流活动直接造成的废旧物品和退货,包括旧物品、报废物品、破碎物品、损坏物品、汽车尾气污染物等;另一类是间接衍生物,主要指在物流管理过程中间接形成的衍生物。例如库存管理,库存数量如果少,虽然节约了库存费用,但因此产生较多的运输次数,增加了对运输燃料消耗和环境污染,从而对社会经济的持续发展产生了消极影响。

(二)循环物流系统中物流流向渠道

有两种流向渠道构成：一种是物通过生产—流通—消费途径，满足消费者的需要，这是物流流向的主渠道，称为正向物流或动脉物流；另一种是合理处置物流衍生物所产生的物流流向渠道，如回收、分拣、净化、提纯、商业或维修退回、包装等再加工、再利用和废弃物处理等，其流动的方向与前者相反，故称为逆向物流或静脉物流，有时也称为"绿色物流"、"环保物流"。与正向物流相比，逆向物流有着明显的不同特点：首先是产生的地点、时间和数量难以预见，而正向物流则按量、按时、按地点，提供合适的产品；其次是发生的地点较为分散、无序，不可能集中一次向接受地转移；再次是发生的原因通常与质量或数量异常有关；最后是处理的系统和方式比较复杂多样，不同的处理手段对资源价值的贡献有显著差异。

(三)循环物流系统结构

从物流系统可持续发展角度看，不仅要考虑物流资源的正常合理的使用，发挥物流主渠道作用，保持系统的革新与发展；同时还需要实现物流资源的再使用(回收处理后再使用)、再利用(不用的物品处理后转化成新的原材料或产品使用)。为此，应当建立起生产、流通、消费的物流循环往复系统。衍生物逆向物流的治理系统分成两个部分，一部分是由提供物的生产企业治理，如退货、维修等逆向物流活动；另一部分是由专业衍生物物流公司或政府监督控制部门治理，因为不少逆向物流问题是社会问题，不是哪一家企业能够处理好的，由公共的专业衍生物物流公司通过提供有偿服务、国家税收财政资助等手段，实现逆向物流有效治理。

物的正向物流和衍生物的逆向物流是循环物流系统的两个子系统，两者是相互联系、相互作用和相互制约的。逆向物流是在正向物流运作过程中产生和形成的，没有正向物流，就没有逆向物流；逆向物流流量、流向、流速等特性是由正向物流属性决定的。如果正向物流利用效率高、损耗小，则必然逆向物流流量小、成本低，反之则流量大、成本高。另外，正向物流与逆向物流，在一定条件下，可以相互转化，正向物流管理不善、技术不完备就会转化成逆向物流；逆向物流经过再处理、再加工、改善管理方法制度，又会转化成正向物流，被生产者和消费者再利用。

因此，必须从正向物流和逆向物流相互联系和相互作用过程中，制定和设计循环物流系统的优化策略。

(四)循环物流系统动力

这个动力来自三个方向的拉动和制约：一个是物流利益的驱动，物流被视为"第三利润源"、"一块经济界的黑暗大陆"；二是物流成本的推动，减少浪费、降低能耗已被企业所广泛认识，但是对物流的环境成本认识不足，是不重视逆向物流的重要原因；三是物流环境限制的压力，如政府、行业的法规政策，要促使企业有积极性治理逆向物流，当企业感到治理成本大于正向物流所带来的利益时，它就没有积极性从事治理逆向物流的活动。所以，关键在于要建立逆向物流治理的动力机制。

二、循环物流系统优化策略

由于循环物流系统是经济可持续发展的一个重要组成部分，循环物流系统的构建不仅是企业的事情，还必须从政府规制的角度，对现有物流体系强化管理，完善政策法规。

(一)政府建立循环物流系统监管控制机制

1.改革现行管理体制，优化物流系统。在我国经济领域里，物流并不是一个独立的产业系统，而是分散在若干个行业内，运输、包装、储存、信息等分别由铁道部、交通部、民航局、信息产业部、物资、商业和军队后勤系统等进行管理。由于各部门之间分工又有交叉，政企也未完全分开，造成了物流系统中存在管理分散化、条块分割、部门分割、重复建设等种种问题，物流系统化水平很低，导致综合经济效益下降，物流成本提高。

我们讲的改革并不是要建立一个巨大的物流企业系统，将几个物流部门统一起来，这是不现实、也不可能的。以运输为例，即使是物流业发达的美国，其不同的交通运输部门也是各自为政的。所以，改革的关键是按照物流系统性的要求，加强政府对物流协调监督职能；整合优化物流系统结构，如建立综合物流中心系统，可以使其成为网络化的战略联盟；加强宏观政策规划指导，制定出符合市场要求的相互配套和具有可操作性的政策，推动物流系统建设，促进全国物流系统合理布局和统筹规划。

2.加强逆向物流管制,推进绿色物流系统建设。可以从三个方面体现:逆向物流源的管制、物流量的管制和交通道路的管制。

逆向物流源的管制主要是对产生环境问题的来源进行管理和控制。目前物流产生环境问题的主要原因是货车的普及,即由于物流量的扩大及配送业务的发展,致使在途货车大量增加,这势必导致二氧化氮以及悬浮颗粒物的大气污染增加。基于此,发生源管制主要包括废气排出管制和基于汽车二氧化氮排放量限制的车辆管制。

物流量的管制主要靠发挥政府的指导作用,推动企业选择合理的运输方式,发展第三方物流,建立共同配送机制,推动现代化的物流信息网络系统建设等,以实现物流系统合理化和效率化,特别是中小企业如何提高物流效率应当是政府管制的重点。

道路交通的管制主要是通过建立都市中心部环状道路、道路停车管制以及实现交通管制现代化等来减少交通堵塞拥挤、提高配送效率。

这些制度措施的制定,一是要有利于正向物流提高效率和效益;二是要有利于激励企业对逆向物流的治理,如政府制定的政策法规要对建立公共衍生物物流治理机构或公司给予优惠政策,给予绿色物流适当补贴等;三是对于违反制度法规造成的环境污染,按规定征收排污费或罚款,加大其物流成本。

(二)大力发展第三方物流

企业物流系统功能的选择和应用,不仅要考虑自身的能力和满足消费者物流功能的需要,同时也应考虑逆向物流的影响,这是一个综合治理过程。

实践证明,企业应用第三方物流,不仅可以减少企业的物流成本,提高配送效率和积载率,而且减少了在途运行车辆,降低了大气污染,真正使物流与环境共生型的管理理念融入到企业的具体实践中去。我国生产企业物流服务全部委托给第三方物流服务企业的比重占有率比较低,主要仍以全部自给式物流服务以及自理和委托相结合为主。许多工商企业拥有并保留着自己的运输、仓储、装卸服务物流设施,其保有率较高。这说明,在我国发展第三方物流的任务还很艰巨。这一方面要求政府、行业不断倡导第三方物流,为第三方物流发展创造良好的环境;另一方面,有赖于第三方物流自身的发展,提高物流服务的效率和满意度。简单禁止生产企业物流自理,显然不是合理的方法。

(三)整合循环物流系统,实行积极的逆向物流策略

美国逆向物流委员会1999年对各公司所作的专项调查表明,当年的逆向物流成本(包括退货、报废、损坏等)超过了650亿美元,仅就消费类电子业如电脑、手机、电视、音响设备等,一年的退货额超过150亿美元。逆向物流成本的高昂,给许多企业带来了危机,但同时也带来了商机。国外有许多企业已经认识到,逆向物流也许是企业降低成本的最后一块未开垦地了。为此,提出以下积极的逆向物流策略供企业参考:

1. 将企业的逆向物流能力与营销战略联系起来,保持顾客满意度,提高企业竞争优势。充分利用逆向物流系统,采用各种退货政策,包括从零售商和消费者手中买回不合格产品,并装运返回物流处理中心,保护消费者利益,树立企业负责任、讲信誉的形象。

2. 实施逆向物流战略促进企业质量管理体系的完善。将企业质量管理活动概括为PDCA(计划、实施、检查、改进)循环,逆向物流活动恰好处在检查与改进这两个环节衔接上,消费者手中产品质量和服务质量问题,通过逆向物流信息系统不断传送给企业管理者,管理者及时采取措施改进,增加企业潜在事故的透明度,推动企业不断改进质量管理体系。

3. 企业应设立正逆向物流综合代理机构。一般企业都有长期客户关系,在某一区域有着长期的利益,因此,企业在各地区应统筹规划、合理布局,建立综合物流代理机构,统一负责正向物流在本地区的保管、分拣、配送等业务,同时也负责逆向物流在本地区的维修、退货、环境污染等问题,就地回收、就地处理和利用,这样可以及时有效地应对逆向物流的分散性和不确定性。由于这个综合代理机构是正反向物流联系的交汇点,管理者可以及时了解顾客对产品的逆向评价,促进正向物流提高服务质量和效率;反过来又降低了逆向物流成本,促进了逆向物流的有效治理。

总之,循环物流系统是现代物流系统很重要的基础,可以使物流与环境得到协调发展,它也是一个国家国民经济可持续发展的重要体现,所以研究这个问题十分重要。

第四节 服务业循环经济的发展方向

循环型现代服务业是一种战略与策略相结合的新型现代服务业,能够立足未来、统筹全局、合理安排,因而要正确处理当前与长远利益、局部与整体利益的关系。能协调部门之间和部门内部的各种关系,在一般情况下做到统筹兼顾,在特殊情况下则促使当前与局部利益服从长远和整体利益。

一、循环型现代服务业的特征

发展循环型现代服务业能全面衡量利弊得失,提高预见性,减少盲目性,现代服务业就能又好又快地向前健康发展。循环型现代服务业是一种服务业生产与循环发展相结合的持续性现代服务业。

它是服务业自身发展和科学技术发展的必然结果,它是在经济学、生态学、信息科学和可持续发展理论等学科的综合指导下的服务业实践,是一种充满内在活力的服务业生产模式。循环型现代服务业的发展目标是使循环系统的物流、能流、信息流、资金流和劳力流在时间、空间和数量方面进行最优组合,得到最佳运用,实现服务业产值最高、利用最合理、经济效益最大、动态平衡最佳、生态环境最优美和社会效益最好。

(一)生产性服务业是现代循环服务业的核心

现代循环服务业是西方发达国家的生产技术和生产组织结构变化的结果,而当代信息技术和知识经济革命则为它的发展提供了有力的推动作用。由于生产性服务根源于生产、服务于生产,因而这种服务业的增长必然意味着生产领域内劳动生产率的不断提高。

(二)经济的信息化和知识化是现代循环服务业的关键

现代循环服务业的发展是由经济网络型服务带动,依托于现代信息技术及其网络的。因此,现代循环服务业的服务部门资本密集度高、技术优势更强;也更易形成世界市场的垄断局面,构成全球范围内的网络优势。

(三)现代循环服务业具有主导性和支配性

当代经济中许多生产部门已经成为服务业的附属部分,它们的生产目标将围绕"服务"这一核心展开。比如新兴的会计咨询、法律咨询等中介服务部门,这是现代服务业的最终发展趋势。

二、循环型现代服务业的特征

循环型现代服务业是一种战略与策略相结合的新型现代服务业,能够立足未来、从长计议、统筹全局、合理安排,因而能正确处理当前与长远利益、局部与整体利益的关系。能协调部门之间和部门内部的各种关系,在一般情况下做到统筹兼顾,在特殊情况下则促使当前与局部利益服从长远和整体利益。发展循环型现代服务业能全面衡量利弊得失,提高预见性,减少盲目性,现代服务业就能又好又快地向前健康发展。

循环型现代服务业是一种服务业生产与循环发展相结合的持续性现代服务业。它是服务业自身和科学技术发展的必然结果,它是在经济学、生态学、信息科学和可持续发展理论等学科的综合指导下的服务业实践,是一种充满内在活力的服务业生产模式。

循环型现代服务业的发展目标是使循环系统的物流、能流、信息流、资金流和劳力流在时间、空间和数量方面进行最优组合,得到最佳运用,实现服务业产值最高、利用最合理、经济效益最大、动态平衡最佳、生态环境最优美和社会效益最好。把握好循环型现代服务业的特征,可以从以下三个方面来实现循环型现代服务业的目标。

1. 将传统的服务业发展战略调整到可持续发展的轨道上来,树立建设生态化的、资源节约型、循环型服务业的思想,整个服务周期过程中都要考虑优化利用资源,减少直接或间接产生的环境影响。

2. 将追求经济效益、社会效益与生态效益结合起来,以追求生态经济效益为产业激励机制和企业竞争的条件。

3. 正确确定现代服务业在社会经济系统中的生态位,建立和谐的、可持续的、社会经济系统与自然环境系统的关系,实现现代服务业的可持续发展。

三、循环服务业是现代服务业发展的必然趋势

1. 循环服务业的发展大大促进了信息流、资金流、技术流、人才流和物流的发展,对提高国家经济运行效率和质量,增强国家创新能力,转变经济增长

方式起到了重要作用。

2.循环服务业是拉动经济增长的支柱。目前,发达国家服务业对GDP和就业贡献的增长主要源于金融、保险、房地产、商务服务业、专业服务业和信息服务业等,具有较高的生产率。而部分发展中国家,如印度连续数年经济增长率在8%以上,成为仅次于中国的最优活力的经济体,也主要得力于区域信息服务业、金融、贸易等现代服务业的发展。

3.循环服务业是推动产业结构升级的关键循环服务业的发展,推动了技术、新生产模式在产业中的渗透。随着循环服务业成为服务业经济时代的支柱产业,产业结构实现了向技术密集型的转变,产品结构也呈现高技术化和高附加值化,产业组织在经历了工业时代跨国化后,在服务业经济时代正在出现全球化、网络化、虚拟化、协作化的新趋势。

4.国际化大都市成为现代服务业发展的"领头羊"国际大都市在国际社会生活中占有重要地位,具有一个或多个重要有功能,其影响力和辐射功能超越地区、国界,波及全球。就产业发展而言,国际大都市在各个国家都扮演着关键角色。世界不少城市,如纽约、伦敦、东京、巴黎等在20世纪70年代或以前就完成了由制造型经济向服务型经济的转变过程。尤其是高端服务业在这些区域制造业衰败过程中的快速发展,使国际化大都市成为现代服务业的"领头羊";并且,由于现代服务业的发展,进一步扩大了这些区域的辐射半径,其辐射力和影响力变得越来越强大。

5.新技术与行业共同发展,促进产业不断提速以信息技术为主导的高新技术的发展是现代服务业得以不断成长的重要因素。一方面,技术的发展使现代服务业新行业不断涌现,另一方面,高新技术不断向传统服务业渗透,传统产业不断改造升级。基于新技术、新模式的现代服务业不断发展,如商务服务、健康、咨询、教育、法律、创意等新兴知识服务业、专业服务业发展迅速;运输、旅游等传统服务业与新技术不断结合,被赋予新的内涵,开发出更广阔的市场,如与电子商务、电子银行结合,实现了时空的拓展。同时,现代服务业的发展又成为推动科技进步的助推器,特别是在网络技术、基础计算环境、智能终端等方面,现代服务业正在成为新技术的拓展方向和支撑平台。

6. 服务贸易、外包蓬勃发展,成为全球发展热点服务贸易日渐成为世界各国获取外汇收入、改善本国在国际经济贸易交往中地位的重要途径,并在很大程度上决定着国家在国际竞争中的地位。

典型案例

甘肃:平凉打造循环经济示范区 带动循环型服务业

金秋,泾河两岸瓜果飘香,崆峒山下项目建设如火如荼。煤电、金果、红牛、旅游4大产业成为平凉市发展循环经济的突破口,开发金山银山,留住青山绿水,已经成为平凉经济发展的主旋律。

打造循环经济示范区

平凉市在转变经济增长方式中,大力发展循环经济,减少资源浪费和环境破坏,努力实现生产发展、生活富裕、生态良好的统一,精心打造循环经济示范区和培育循环经济产业主导产业链。

平凉市按照《甘肃省循环经济总体规划》和国务院关于把平凉建设成为传统能源综合利用示范区的发展定位,确立了"突出川区、轴线开发,做强园区、集聚发展,统筹城乡、整体推进"的布局构想,修订编制了《平凉市循环经济发展总体规划》和《实施方案》,初步确立了打造1个示范(试点)区、4个示范园区、5个示范项目区、15户示范企业和10大工业循环链条的工业循环经济发展框架。同时,培育形成了以华能集团、中水集团、酒钢集团等大企业为主导的煤电化循环经济产业链,以平凉海螺水泥公司、华亭煤业集团新安煤矸石制砖公司等为引领的新型建材循环经济产业链,以红峰机械公司、虹光电子公司等为龙头的装备制造循环经济产业链,以畜禽、果菜深加工和中药、包装纸制造为重点的农产品加工循环经济产业链,以晶体硅太阳能电池片及组件、半导体碳纤维复合材料为代表的新能源、新材料循环经济产业链。

目前,华亭工业园区循环化改造已被列入国家试点,以华能平凉发电公司、华煤新安煤矸石制砖公司等为代表的一批循环经济示范企业初具规模。全市初步形成了煤炭开采—煤炭洗选—煤矸石制砖—火力发电—煤化工,火力发电—粉煤灰—水泥生产—余热发电,原煤—甲醇—二甲醚—醋酸—烯烃产业链,果品—果汁—果渣—饲料,废纸—机制纸—包装箱等工业产业循环体系,为循环经济发展奠定了基础。

发展绿色农业产业

平凉"红牛"、平凉"金果"和平凉无公害蔬菜是全市的农业品牌,也是当地农民增收的支柱产业。

近年来,平凉市积极扶持发展农业品牌支柱产业,在实施"万千百十"规模养牛工程中,发展万头养牛乡50个,建成标准化养牛小区91个;建成高效果业集中区3个、优势果品产业带12条,果树经济林面积达158万亩,注册出口基地6万亩,认证绿色果品生产基地60.4万亩;种植出了泾河川胡萝卜、崇信芹菜、泾川早熟马铃薯等广受市场青睐的特色无公害蔬菜。通过发展循环型农业,平凉市逐步形成了以东部5县区为主的平凉"红牛"产业带,以静宁、泾川、庄浪等县为主的平凉"金果"产业带,以泾河川、芮河谷及城郊为重点的优质无公害蔬菜产业带。在此基础上,全市积极探索推广旱作农业—秸秆饲化—畜牧养殖、"牛—沼—草"、"牛—沼—果"等"种—养—加"一体化的现代农业循环发展模式。各县(区)以新农村建设为契机,围绕农户"一池三改"、养殖小区沼气工程建设,结合推广太阳灶,初步形成了农村生态能源综合利用体系。

据统计,全市累计建成户用沼气池12.33万户,建成"一池三改"沼气生态户9.23万户,年产沼气2860万立方米,部分村社实现了沼气用户家居清洁化、经济高效化。累计推广太阳灶16万台,太阳能热水器8.54万平方米。

带动循环型服务业

循环经济的发展,让平凉市的旅游经济和养生旅游风生水起。全市把循环经济的理念融入了旅游产业和物流服务业。崆峒山、王母宫、古灵台、皇甫谧陵园、成纪故城遗址、成纪文化城、龙泉寺等景区主要开发生态旅游,云崖寺、太统森林公园、莲花台、东峡湿地、朝那湫等景区开发自然风光旅游,并提出了"养生平凉"理念,吸引了不少游客。同时,依托华亭煤炭工业、静宁金果采摘园、庄浪县梯田景观带等开展资源旅游。并确定崆峒区、华亭县、静宁县、泾川县为发展现代物流业的重点区域,崆峒区重点发展综合性现代服务业,华亭县重点建设区域性煤炭配送中心,静宁县和泾川县则重点推进服务于果品、畜产品产业的仓储、运输、配送一体化发展。

青山绿水常在,经济发展常新。平凉市通过发展循环经济,促进了生态的恢复,资源得到充分利用和保护。如今,全市的森林覆盖率达到了22.3%,城区空气质量连续3年优良率达91%以上。

平凉市走能源与非能源经济、工业与农业、服务业统筹发展之路,摸索出了一条具有自身特色的生态保护与经济发展之路,在黄土地上绘制出了一幅科学发展、山清水秀的新画卷。

(来源:《甘肃日报》2011年9月15日)

思考与探索

1. 为什么说现代服务业要依靠循环经济发展?
2. 循环经济理念在生态旅游中是如何体现的?
3. 什么是循环物流?

附录一

中华人民共和国循环经济促进法

(2008年8月29日第十一届全国人民代表大会
常务委员会第四次会议通过)

目 录

第一章　总　则
第二章　基本管理制度
第三章　减量化
第四章　再利用和资源化
第五章　激励措施
第六章　法律责任
第七章　附　则

第一章　总　则

第一条　为了促进循环经济发展，提高资源利用效率，保护和改善环境，实现可持续发展，制定本法。

第二条　本法所称循环经济，是指在生产、流通和消费等过程中进行的减量化、再利用、资源化活动的总称。

本法所称减量化，是指在生产、流通和消费等过程中减少资源消耗和废物产生。

本法所称再利用，是指将废物直接作为产品或者经修复、翻新、再制造后继续作为产品使用，或者将废物的全部或者部分作为其他产品的部件予以使用。

本法所称资源化，是指将废物直接作为原料进行利用或者对废物进行再生利用。

第三条　发展循环经济是国家经济社会发展的一项重大战略,应当遵循统筹规划、合理布局、因地制宜、注重实效,政府推动、市场引导、企业实施、公众参与的方针。

第四条　发展循环经济应当在技术可行、经济合理和有利于节约资源、保护环境的前提下,按照减量化优先的原则实施。

在废物再利用和资源化过程中,应当保障生产安全,保证产品质量符合国家规定的标准,并防止产生再次污染。

第五条　国务院循环经济发展综合管理部门负责组织协调、监督管理全国循环经济发展工作;国务院环境保护等有关主管部门按照各自的职责负责有关循环经济的监督管理工作。

县级以上地方人民政府循环经济发展综合管理部门负责组织协调、监督管理本行政区域的循环经济发展工作;县级以上地方人民政府环境保护等有关主管部门按照各自的职责负责有关循环经济的监督管理工作。

第六条　国家制定产业政策,应当符合发展循环经济的要求。

县级以上人民政府编制国民经济和社会发展规划及年度计划,县级以上人民政府有关部门编制环境保护、科学技术等规划,应当包括发展循环经济的内容。

第七条　国家鼓励和支持开展循环经济科学技术的研究、开发和推广,鼓励开展循环经济宣传、教育、科学知识普及和国际合作。

第八条　县级以上人民政府应当建立发展循环经济的目标责任制,采取规划、财政、投资、政府采购等措施,促进循环经济发展。

第九条　企业事业单位应当建立健全管理制度,采取措施,降低资源消耗,减少废物的产生量和排放量,提高废物的再利用和资源化水平。

第十条　公民应当增强节约资源和保护环境意识,合理消费,节约资源。

国家鼓励和引导公民使用节能、节水、节材和有利于保护环境的产品及再生产品,减少废物的产生量和排放量。

公民有权举报浪费资源、破坏环境的行为,有权了解政府发展循环经济的信息并提出意见和建议。

第十一条 国家鼓励和支持行业协会在循环经济发展中发挥技术指导和服务作用。县级以上人民政府可以委托有条件的行业协会等社会组织开展促进循环经济发展的公共服务。

国家鼓励和支持中介机构、学会和其他社会组织开展循环经济宣传、技术推广和咨询服务，促进循环经济发展。

第二章 基本管理制度

第十二条 国务院循环经济发展综合管理部门会同国务院环境保护等有关主管部门编制全国循环经济发展规划，报国务院批准后公布施行。设区的市级以上地方人民政府循环经济发展综合管理部门会同本级人民政府环境保护等有关主管部门编制本行政区域循环经济发展规划，报本级人民政府批准后公布施行。

循环经济发展规划应当包括规划目标、适用范围、主要内容、重点任务和保障措施等，并规定资源产出率、废物再利用和资源化率等指标。

第十三条 县级以上地方人民政府应当依据上级人民政府下达的本行政区域主要污染物排放、建设用地和用水总量控制指标，规划和调整本行政区域的产业结构，促进循环经济发展。

新建、改建、扩建建设项目，必须符合本行政区域主要污染物排放、建设用地和用水总量控制指标的要求。

第十四条 国务院循环经济发展综合管理部门会同国务院统计、环境保护等有关主管部门建立和完善循环经济评价指标体系。

上级人民政府根据前款规定的循环经济主要评价指标，对下级人民政府发展循环经济的状况定期进行考核，并将主要评价指标完成情况作为对地方人民政府及其负责人考核评价的内容。

第十五条 生产列入强制回收名录的产品或者包装物的企业，必须对废弃的产品或者包装物负责回收；对其中可以利用的，由各该生产企业负责利用；对因不具备技术经济条件而不适合利用的，由各该生产企业负责无害化处置。

对前款规定的废弃产品或者包装物，生产者委托销售者或者其他组织进行回收的,或者委托废物利用或者处置企业进行利用或者处置的,受托方应当依照有关法律、行政法规的规定和合同的约定负责回收或者利用、处置。

对列入强制回收名录的产品和包装物,消费者应当将废弃的产品或者包装物交给生产者或者其委托回收的销售者或者其他组织。

强制回收的产品和包装物的名录及管理办法,由国务院循环经济发展综合管理部门规定。

第十六条　国家对钢铁、有色金属、煤炭、电力、石油加工、化工、建材、建筑、造纸、印染等行业年综合能源消费量、用水量超过国家规定总量的重点企业,实行能耗、水耗的重点监督管理制度。

重点能源消费单位的节能监督管理,依照《中华人民共和国节约能源法》的规定执行。

重点用水单位的监督管理办法,由国务院循环经济发展综合管理部门会同国务院有关部门规定。

第十七条　国家建立健全循环经济统计制度,加强资源消耗、综合利用和废物产生的统计管理,并将主要统计指标定期向社会公布。

国务院标准化主管部门会同国务院循环经济发展综合管理和环境保护等有关主管部门建立健全循环经济标准体系,制定和完善节能、节水、节材和废物再利用、资源化等标准。

国家建立健全能源效率标识等产品资源消耗标识制度。

第三章　减量化

第十八条　国务院循环经济发展综合管理部门会同国务院环境保护等有关主管部门,定期发布鼓励、限制和淘汰的技术、工艺、设备、材料和产品名录。

禁止生产、进口、销售列入淘汰名录的设备、材料和产品,禁止使用列入淘汰名录的技术、工艺、设备和材料。

第十九条　从事工艺、设备、产品及包装物设计,应当按照减少资源消耗和废物产生的要求,优先选择采用易回收、易拆解、易降解、无毒无害或者低毒低害的材料和设计方案,并应当符合有关国家标准的强制性要求。

对在拆解和处置过程中可能造成环境污染的电器电子等产品,不得设计使用国家禁止使用的有毒有害物质。禁止在电器电子等产品中使用的有毒有害物质名录,由国务院循环经济发展综合管理部门会同国务院环境保护等有关主管部门制定。

设计产品包装物应当执行产品包装标准,防止过度包装造成资源浪费和环境污染。

第二十条 工业企业应当采用先进或者适用的节水技术、工艺和设备,制定并实施节水计划,加强节水管理,对生产用水进行全过程控制。

工业企业应当加强用水计量管理,配备和使用合格的用水计量器具,建立水耗统计和用水状况分析制度。

新建、改建、扩建建设项目,应当配套建设节水设施。节水设施应当与主体工程同时设计、同时施工、同时投产使用。

国家鼓励和支持沿海地区进行海水淡化和海水直接利用,节约淡水资源。

第二十一条 国家鼓励和支持企业使用高效节油产品。

电力、石油加工、化工、钢铁、有色金属和建材等企业,必须在国家规定的范围和期限内,以洁净煤、石油焦、天然气等清洁能源替代燃料油,停止使用不符合国家规定的燃油发电机组和燃油锅炉。

内燃机和机动车制造企业应当按照国家规定的内燃机和机动车燃油经济性标准,采用节油技术,减少石油产品消耗量。

第二十二条 开采矿产资源,应当统筹规划,制定合理的开发利用方案,采用合理的开采顺序、方法和选矿工艺。采矿许可证颁发机关应当对申请人提交的开发利用方案中的开采回采率、采矿贫化率、选矿回收率、矿山水循环利用率和土地复垦率等指标依法进行审查;审查不合格的,不予颁发采矿许可证。采矿许可证颁发机关应当依法加强对开采矿产资源的监督管理。

矿山企业在开采主要矿种的同时,应当对具有工业价值的共生和伴生矿实行综合开采、合理利用;对必须同时采出而暂时不能利用的矿产以及含有有用组分的尾矿,应当采取保护措施,防止资源损失和生态破坏。

第二十三条 建筑设计、建设、施工等单位应当按照国家有关规定和标准,对其设计、建设、施工的建筑物及构筑物采用节能、节水、节地、节材的技术工艺和小型、轻型、再生产品。有条件的地区,应当充分利用太阳能、地热能、风能等可再生能源。

国家鼓励利用无毒无害的固体废物生产建筑材料,鼓励使用散装水泥,推广使用预拌混凝土和预拌砂浆。

禁止损毁耕地烧砖。在国务院或者省、自治区、直辖市人民政府规定的期限和区域内,禁止生产、销售和使用粘土砖。

第二十四条 县级以上人民政府及其农业等主管部门应当推进土地集约利用,鼓励和支持农业生产者采用节水、节肥、节药的先进种植、养殖和灌溉技术,推动农业机械节能,优先发展生态农业。

在缺水地区,应当调整种植结构,优先发展节水型农业,推进雨水集蓄利用,建设和管护节水灌溉设施,提高用水效率,减少水的蒸发和漏失。

第二十五条 国家机关及使用财政性资金的其他组织应当厉行节约、杜绝浪费,带头使用节能、节水、节地、节材和有利于保护环境的产品、设备和设施,节约使用办公用品。国务院和县级以上地方人民政府管理机关事务工作的机构会同本级人民政府有关部门制定本级国家机关等机构的用能、用水定额指标,财政部门根据该定额指标制定支出标准。

城市人民政府和建筑物的所有者或者使用者,应当采取措施,加强建筑物维护管理,延长建筑物使用寿命。对符合城市规划和工程建设标准,在合理使用寿命内的建筑物,除为了公共利益的需要外,城市人民政府不得决定拆除。

第二十六条 餐饮、娱乐、宾馆等服务性企业,应当采用节能、节水、节材和有利于保护环境的产品,减少使用或者不使用浪费资源、污染环境的产品。

本法施行后新建的餐饮、娱乐、宾馆等服务性企业,应当采用节能、节水、节材和有利于保护环境的技术、设备和设施。

第二十七条 国家鼓励和支持使用再生水。在有条件使用再生水的地区,限制或者禁止将自来水作为城市道路清扫、城市绿化和景观用水使用。

第二十八条 国家在保障产品安全和卫生的前提下,限制一次性消费品的生产和销售。具体名录由国务院循环经济发展综合管理部门会同国务院财政、环境保护等有关主管部门制定。

对列入前款规定名录中的一次性消费品的生产和销售，由国务院财政、税务和对外贸易等主管部门制定限制性的税收和出口等措施。

第四章 再利用和资源化

第二十九条 县级以上人民政府应当统筹规划区域经济布局，合理调整产业结构，促进企业在资源综合利用等领域进行合作，实现资源的高效利用和循环使用。

各类产业园区应当组织区内企业进行资源综合利用，促进循环经济发展。

国家鼓励各类产业园区的企业进行废物交换利用、能量梯级利用、土地集约利用、水的分类利用和循环使用，共同使用基础设施和其他有关设施。

新建和改造各类产业园区应当依法进行环境影响评价，并采取生态保护和污染控制措施，确保本区域的环境质量达到规定的标准。

第三十条 企业应当按照国家规定，对生产过程中产生的粉煤灰、煤矸石、尾矿、废石、废料、废气等工业废物进行综合利用。

第三十一条 企业应当发展串联用水系统和循环用水系统，提高水的重复利用率。

企业应当采用先进技术、工艺和设备，对生产过程中产生的废水进行再生利用。

第三十二条 企业应当采用先进或者适用的回收技术、工艺和设备，对生产过程中产生的余热、余压等进行综合利用。

建设利用余热、余压、煤层气以及煤矸石、煤泥、垃圾等低热值燃料的并网发电项目，应当依照法律和国务院的规定取得行政许可或者报送备案。电网企业应当按照国家规定，与综合利用资源发电的企业签订并网协议，提供上网服务，并全额收购并网发电项目的上网电量。

第三十三条 建设单位应当对工程施工中产生的建筑废物进行综合利用；不具备综合利用条件的，应当委托具备条件的生产经营者进行综合利用或者无害化处置。

第三十四条　国家鼓励和支持农业生产者和相关企业采用先进或者适用技术,对农作物秸秆、畜禽粪便、农产品加工业副产品、废农用薄膜等进行综合利用,开发利用沼气等生物质能源。

第三十五条　县级以上人民政府及其林业主管部门应当积极发展生态林业,鼓励和支持林业生产者和相关企业采用木材节约和代用技术,开展林业废弃物和次小薪材、沙生灌木等综合利用,提高木材综合利用率。

第三十六条　国家支持生产经营者建立产业废物交换信息系统,促进企业交流产业废物信息。

企业对生产过程中产生的废物不具备综合利用条件的,应当提供给具备条件的生产经营者进行综合利用。

第三十七条　国家鼓励和推进废物回收体系建设。

地方人民政府应当按照城乡规划,合理布局废物回收网点和交易市场,支持废物回收企业和其他组织开展废物的收集、储存、运输及信息交流。

废物回收交易市场应当符合国家环境保护、安全和消防等规定。

第三十八条　对废电器电子产品、报废机动车船、废轮胎、废铅酸电池等特定产品进行拆解或者再利用,应当符合有关法律、行政法规的规定。

第三十九条　回收的电器电子产品,经过修复后销售的,必须符合再利用产品标准,并在显著位置标识为再利用产品。

回收的电器电子产品,需要拆解和再生利用的,应当交售给具备条件的拆解企业。

第四十条　国家支持企业开展机动车零部件、工程机械、机床等产品的再制造和轮胎翻新。

销售的再制造产品和翻新产品的质量必须符合国家规定的标准,并在显著位置标识为再制造产品或者翻新产品。

第四十一条　县级以上人民政府应当统筹规划建设城乡生活垃圾分类收集和资源化利用设施,建立和完善分类收集和资源化利用体系,提高生活垃圾资源化率。

县级以上人民政府应当支持企业建设污泥资源化利用和处置设施,提高污泥综合利用水平,防止产生再次污染。

第五章 激励措施

第四十二条 国务院和省、自治区、直辖市人民政府设立发展循环经济的有关专项资金,支持循环经济的科技研究开发、循环经济技术和产品的示范与推广、重大循环经济项目的实施、发展循环经济的信息服务等。具体办法由国务院财政部门会同国务院循环经济发展综合管理等有关主管部门制定。

第四十三条 国务院和省、自治区、直辖市人民政府及其有关部门应当将循环经济重大科技攻关项目的自主创新研究、应用示范和产业化发展列入国家或者省级科技发展规划和高技术产业发展规划,并安排财政性资金予以支持。

利用财政性资金引进循环经济重大技术、装备的,应当制定消化、吸收和创新方案,报有关主管部门审批并由其监督实施;有关主管部门应当根据实际需要建立协调机制,对重大技术、装备的引进和消化、吸收、创新实行统筹协调,并给予资金支持。

第四十四条 国家对促进循环经济发展的产业活动给予税收优惠,并运用税收等措施鼓励进口先进的节能、节水、节材等技术、设备和产品,限制在生产过程中耗能高、污染重的产品的出口。具体办法由国务院财政、税务主管部门制定。

企业使用或者生产列入国家清洁生产、资源综合利用等鼓励名录的技术、工艺、设备或者产品的,按照国家有关规定享受税收优惠。

第四十五条 县级以上人民政府循环经济发展综合管理部门在制定和实施投资计划时,应当将节能、节水、节地、节材、资源综合利用等项目列为重点投资领域。

对符合国家产业政策的节能、节水、节地、节材、资源综合利用等项目,金融机构应当给予优先贷款等信贷支持,并积极提供配套金融服务。

对生产、进口、销售或者使用列入淘汰名录的技术、工艺、设备、材料或者产品的企业,金融机构不得提供任何形式的授信支持。

第四十六条 国家实行有利于资源节约和合理利用的价格政策,引导单位和个人节约和合理使用水、电、气等资源性产品。

国务院和省、自治区、直辖市人民政府的价格主管部门应当按照国家产业政策,对资源高消耗行业中的限制类项目,实行限制性的价格政策。

对利用余热、余压、煤层气以及煤矸石、煤泥、垃圾等低热值燃料的并网发电项目,价格主管部门按照有利于资源综合利用的原则确定其上网电价。

省、自治区、直辖市人民政府可以根据本行政区域经济社会发展状况,实行垃圾排放收费制度。收取的费用专项用于垃圾分类、收集、运输、贮存、利用和处置,不得挪作他用。

国家鼓励通过以旧换新、押金等方式回收废物。

第四十七条　国家实行有利于循环经济发展的政府采购政策。使用财政性资金进行采购的,应当优先采购节能、节水、节材和有利于保护环境的产品及再生产品。

第四十八条　县级以上人民政府及其有关部门应当对在循环经济管理、科学技术研究、产品开发、示范和推广工作中做出显著成绩的单位和个人给予表彰和奖励。

企业事业单位应当对在循环经济发展中做出突出贡献的集体和个人给予表彰和奖励。

第六章　法律责任

第四十九条　县级以上人民政府循环经济发展综合管理部门或者其他有关主管部门发现违反本法的行为或者接到对违法行为的举报后不予查处,或者有其他不依法履行监督管理职责行为的,由本级人民政府或者上一级人民政府有关主管部门责令改正,对直接负责的主管人员和其他直接责任人员依法给予处分。

第五十条　生产、销售列入淘汰名录的产品、设备的,依照《中华人民共和国产品质量法》的规定处罚。

使用列入淘汰名录的技术、工艺、设备、材料的,由县级以上地方人民政府循环经济发展综合管理部门责令停止使用,没收违法使用的设备、材料,并处五万元以上二十万元以下的罚款;情节严重的,由县级以上人民政府循环经济发展综合管理部门提出意见,报请本级人民政府按照国务院规定的权限责令停业或者关闭。

违反本法规定,进口列入淘汰名录的设备、材料或者产品的,由海关责令退运,可以处十万元以上一百万元以下的罚款。进口者不明的,由承运人承担退运责任,或者承担有关处置费用。

第五十一条 违反本法规定,对在拆解或者处置过程中可能造成环境污染的电器电子等产品,设计使用列入国家禁止使用名录的有毒有害物质的,由县级以上地方人民政府产品质量监督部门责令限期改正;逾期不改正的,处二万元以上二十万元以下的罚款;情节严重的,由县级以上地方人民政府产品质量监督部门向本级工商行政管理部门通报有关情况,由工商行政管理部门依法吊销营业执照。

第五十二条 违反本法规定,电力、石油加工、化工、钢铁、有色金属和建材等企业未在规定的范围或者期限内停止使用不符合国家规定的燃油发电机组或者燃油锅炉的,由县级以上地方人民政府循环经济发展综合管理部门责令限期改正;逾期不改正的,责令拆除该燃油发电机组或者燃油锅炉,并处五万元以上五十万元以下的罚款。

第五十三条 违反本法规定,矿山企业未达到经依法审查确定的开采回采率、采矿贫化率、选矿回收率、矿山水循环利用率和土地复垦率等指标的,由县级以上人民政府地质矿产主管部门责令限期改正,处五万元以上五十万元以下的罚款;逾期不改正的,由采矿许可证颁发机关依法吊销采矿许可证。

第五十四条 违反本法规定,在国务院或者省、自治区、直辖市人民政府规定禁止生产、销售、使用粘土砖的期限或者区域内生产、销售或者使用粘土砖的,由县级以上地方人民政府指定的部门责令限期改正;有违法所得的,没收违法所得;逾期继续生产、销售的,由地方人民政府工商行政管理部门依法吊销营业执照。

第五十五条 违反本法规定,电网企业拒不收购企业利用余热、余压、煤层气以及煤矸石、煤泥、垃圾等低热值燃料生产的电力的,由国家电力监管机构责令限期改正;造成企业损失的,依法承担赔偿责任。

第五十六条 违反本法规定,有下列行为之一的,由地方人民政府工商行政管理部门责令限期改正,可以处五千元以上五万元以下的罚款;逾期不改正的,依法吊销营业执照;造成损失的,依法承担赔偿责任:

(一)销售没有再利用产品标识的再利用电器电子产品的;

(二)销售没有再制造或者翻新产品标识的再制造或者翻新产品的。

第五十七条 违反本法规定,构成犯罪的,依法追究刑事责任。

第七章 附 则

第五十八条 本法自 2009 年 1 月 1 日起施行。

附录二

中华人民共和国节约能源法

(1997年11月1日第八届全国人民代表大会常务委员会第二十八次会议通过 2007年10月28日第十届全国人民代表大会常务委员会第三十次会议修订)

目 录

第一章 总 则
第二章 节能管理
第三章 合理使用与节约能源
  第一节 一般规定
  第二节 工业节能
  第三节 建筑节能
  第四节 交通运输节能
  第五节 公共机构节能
  第六节 重点用能单位节能
第四章 节能技术进步
第五章 激励措施
第六章 法律责任
第七章 附 则

第一章 总 则

第一条 为了推动全社会节约能源,提高能源利用效率,保护和改善环境,促进经济社会全面协调可持续发展,制定本法。

第二条 本法所称能源,是指煤炭、石油、天然气、生物质能和电力、热力以及其他直接或者通过加工、转换而取得有用能的各种资源。

第三条 本法所称节约能源（以下简称节能），是指加强用能管理，采取技术上可行、经济上合理以及环境和社会可以承受的措施，从能源生产到消费的各个环节，降低消耗、减少损失和污染物排放、制止浪费，有效、合理地利用能源。

第四条 节约资源是我国的基本国策。国家实施节约与开发并举、把节约放在首位的能源发展战略。

第五条 国务院和县级以上地方各级人民政府应当将节能工作纳入国民经济和社会发展规划、年度计划，并组织编制和实施节能中长期专项规划、年度节能计划。

国务院和县级以上地方各级人民政府每年向本级人民代表大会或者其常务委员会报告节能工作。

第六条 国家实行节能目标责任制和节能考核评价制度，将节能目标完成情况作为对地方人民政府及其负责人考核评价的内容。

省、自治区、直辖市人民政府每年向国务院报告节能目标责任的履行情况。

第七条 国家实行有利于节能和环境保护的产业政策，限制发展高耗能、高污染行业，发展节能环保型产业。

国务院和省、自治区、直辖市人民政府应当加强节能工作，合理调整产业结构、企业结构、产品结构和能源消费结构，推动企业降低单位产值能耗和单位产品能耗，淘汰落后的生产能力，改进能源的开发、加工、转换、输送、储存和供应，提高能源利用效率。

国家鼓励、支持开发和利用新能源、可再生能源。

第八条 国家鼓励、支持节能科学技术的研究、开发、示范和推广，促进节能技术创新与进步。

国家开展节能宣传和教育，将节能知识纳入国民教育和培训体系，普及节能科学知识，增强全民的节能意识，提倡节约型的消费方式。

第九条 任何单位和个人都应当依法履行节能义务，有权检举浪费能源的行为。

新闻媒体应当宣传节能法律、法规和政策,发挥舆论监督作用。

第十条 国务院管理节能工作的部门主管全国的节能监督管理工作。国务院有关部门在各自的职责范围内负责节能监督管理工作,并接受国务院管理节能工作的部门的指导。

县级以上地方各级人民政府管理节能工作的部门负责本行政区域内的节能监督管理工作。县级以上地方各级人民政府有关部门在各自的职责范围内负责节能监督管理工作,并接受同级管理节能工作的部门的指导。

第二章 节能管理

第十一条 国务院和县级以上地方各级人民政府应当加强对节能工作的领导,部署、协调、监督、检查、推动节能工作。

第十二条 县级以上人民政府管理节能工作的部门和有关部门应当在各自的职责范围内,加强对节能法律、法规和节能标准执行情况的监督检查,依法查处违法用能行为。

履行节能监督管理职责不得向监督管理对象收取费用。

第十三条 国务院标准化主管部门和国务院有关部门依法组织制定并适时修订有关节能的国家标准、行业标准,建立健全节能标准体系。

国务院标准化主管部门会同国务院管理节能工作的部门和国务院有关部门制定强制性的用能产品、设备能源效率标准和生产过程中耗能高的产品的单位产品能耗限额标准。

国家鼓励企业制定严于国家标准、行业标准的企业节能标准。

省、自治区、直辖市制定严于强制性国家标准、行业标准的地方节能标准,由省、自治区、直辖市人民政府报经国务院批准;本法另有规定的除外。

第十四条 建筑节能的国家标准、行业标准由国务院建设主管部门组织制定,并依照法定程序发布。

省、自治区、直辖市人民政府建设主管部门可以根据本地实际情况,制定严于国家标准或者行业标准的地方建筑节能标准,并报国务院标准化主管部门和国务院建设主管部门备案。

第十五条 国家实行固定资产投资项目节能评估和审查制度。不符合强制性节能标准的项目,依法负责项目审批或者核准的机关不得批准或者核准建设;建设单位不得开工建设;已经建成的,不得投入生产、使用。具体办法由国务院管理节能工作的部门会同国务院有关部门制定。

第十六条 国家对落后的耗能过高的用能产品、设备和生产工艺实行淘汰制度。淘汰的用能产品、设备、生产工艺的目录和实施办法,由国务院管理节能工作的部门会同国务院有关部门制定并公布。

生产过程中耗能高的产品的生产单位,应当执行单位产品能耗限额标准。对超过单位产品能耗限额标准用能的生产单位,由管理节能工作的部门按照国务院规定的权限责令限期治理。

对高耗能的特种设备,按照国务院的规定实行节能审查和监管。

第十七条 禁止生产、进口、销售国家明令淘汰或者不符合强制性能源效率标准的用能产品、设备;禁止使用国家明令淘汰的用能设备、生产工艺。

第十八条 国家对家用电器等使用面广、耗能量大的用能产品,实行能源效率标识管理。实行能源效率标识管理的产品目录和实施办法,由国务院管理节能工作的部门会同国务院产品质量监督部门制定并公布。

第十九条 生产者和进口商应当对列入国家能源效率标识管理产品目录的用能产品标注能源效率标识,在产品包装物上或者说明书中予以说明,并按照规定报国务院产品质量监督部门和国务院管理节能工作的部门共同授权的机构备案。

生产者和进口商应当对其标注的能源效率标识及相关信息的准确性负责。禁止销售应当标注而未标注能源效率标识的产品。

禁止伪造、冒用能源效率标识或者利用能源效率标识进行虚假宣传。

第二十条 用能产品的生产者、销售者,可以根据自愿原则,按照国家有关节能产品认证的规定,向经国务院认证认可监督管理部门认可的从事节能产品认证的机构提出节能产品认证申请;经认证合格后,取得节能产品认证证书,可以在用能产品或者其包装物上使用节能产品认证标志。

禁止使用伪造的节能产品认证标志或者冒用节能产品认证标志。

第二十一条　县级以上各级人民政府统计部门应当会同同级有关部门,建立健全能源统计制度,完善能源统计指标体系,改进和规范能源统计方法,确保能源统计数据真实、完整。

国务院统计部门会同国务院管理节能工作的部门,定期向社会公布各省、自治区、直辖市以及主要耗能行业的能源消费和节能情况等信息。

第二十二条　国家鼓励节能服务机构的发展,支持节能服务机构开展节能咨询、设计、评估、检测、审计、认证等服务。

国家支持节能服务机构开展节能知识宣传和节能技术培训,提供节能信息、节能示范和其他公益性节能服务。

第二十三条　国家鼓励行业协会在行业节能规划、节能标准的制定和实施、节能技术推广、能源消费统计、节能宣传培训和信息咨询等方面发挥作用。

第三章　合理使用与节约能源

第一节　一般规定

第二十四条　用能单位应当按照合理用能的原则,加强节能管理,制定并实施节能计划和节能技术措施,降低能源消耗。

第二十五条　用能单位应当建立节能目标责任制,对节能工作取得成绩的集体、个人给予奖励。

第二十六条　用能单位应当定期开展节能教育和岗位节能培训。

第二十七条　用能单位应当加强能源计量管理,按照规定配备和使用经依法检定合格的能源计量器具。

用能单位应当建立能源消费统计和能源利用状况分析制度,对各类能源的消费实行分类计量和统计,并确保能源消费统计数据真实、完整。

第二十八条　能源生产经营单位不得向本单位职工无偿提供能源。任何单位不得对能源消费实行包费制。

第二节 工业节能

第二十九条 国务院和省、自治区、直辖市人民政府推进能源资源优化开发利用和合理配置，推进有利于节能的行业结构调整，优化用能结构和企业布局。

第三十条 国务院管理节能工作的部门会同国务院有关部门制定电力、钢铁、有色金属、建材、石油加工、化工、煤炭等主要耗能行业的节能技术政策，推动企业节能技术改造。

第三十一条 国家鼓励工业企业采用高效、节能的电动机、锅炉、窑炉、风机、泵类等设备，采用热电联产、余热余压利用、洁净煤以及先进的用能监测和控制等技术。

第三十二条 电网企业应当按照国务院有关部门制定的节能发电调度管理的规定，安排清洁、高效和符合规定的热电联产、利用余热余压发电的机组以及其他符合资源综合利用规定的发电机组与电网并网运行，上网电价执行国家有关规定。

第三十三条 禁止新建不符合国家规定的燃煤发电机组、燃油发电机组和燃煤热电机组。

第三节 建筑节能

第三十四条 国务院建设主管部门负责全国建筑节能的监督管理工作。

县级以上地方各级人民政府建设主管部门负责本行政区域内建筑节能的监督管理工作。

县级以上地方各级人民政府建设主管部门会同同级管理节能工作的部门编制本行政区域内的建筑节能规划。建筑节能规划应当包括既有建筑节能改造计划。

第三十五条 建筑工程的建设、设计、施工和监理单位应当遵守建筑节能标准。

不符合建筑节能标准的建筑工程，建设主管部门不得批准开工建设；已经开工建设的，应当责令停止施工、限期改正；已经建成的，不得销售或者使用。

建设主管部门应当加强对在建建筑工程执行建筑节能标准情况的监督检查。

第三十六条 房地产开发企业在销售房屋时,应当向购买人明示所售房屋的节能措施、保温工程保修期等信息,在房屋买卖合同、质量保证书和使用说明书中载明,并对其真实性、准确性负责。

第三十七条 使用空调采暖、制冷的公共建筑应当实行室内温度控制制度。具体办法由国务院建设主管部门制定。

第三十八条 国家采取措施,对实行集中供热的建筑分步骤实行供热分户计量、按照用热量收费的制度。新建建筑或者对既有建筑进行节能改造,应当按照规定安装用热计量装置、室内温度调控装置和供热系统调控装置。具体办法由国务院建设主管部门会同国务院有关部门制定。

第三十九条 县级以上地方各级人民政府有关部门应当加强城市节约用电管理,严格控制公用设施和大型建筑物装饰性景观照明的能耗。

第四十条 国家鼓励在新建建筑和既有建筑节能改造中使用新型墙体材料等节能建筑材料和节能设备,安装和使用太阳能等可再生能源利用系统。

第四节 交通运输节能

第四十一条 国务院有关交通运输主管部门按照各自的职责负责全国交通运输相关领域的节能监督管理工作。

国务院有关交通运输主管部门会同国务院管理节能工作的部门分别制定相关领域的节能规划。

第四十二条 国务院及其有关部门指导、促进各种交通运输方式协调发展和有效衔接,优化交通运输结构,建设节能型综合交通运输体系。

第四十三条 县级以上地方各级人民政府应当优先发展公共交通,加大对公共交通的投入,完善公共交通服务体系,鼓励利用公共交通工具出行;鼓励使用非机动交通工具出行。

第四十四条 国务院有关交通运输主管部门应当加强交通运输组织管

理,引导道路、水路、航空运输企业提高运输组织化程度和集约化水平,提高能源利用效率。

第四十五条 国家鼓励开发、生产、使用节能环保型汽车、摩托车、铁路机车车辆、船舶和其他交通运输工具,实行老旧交通运输工具的报废、更新制度。

国家鼓励开发和推广应用交通运输工具使用的清洁燃料、石油替代燃料。

第四十六条 国务院有关部门制定交通运输营运车船的燃料消耗量限值标准;不符合标准的,不得用于营运。

国务院有关交通运输主管部门应当加强对交通运输营运车船燃料消耗检测的监督管理。

第五节　公共机构节能

第四十七条 公共机构应当厉行节约,杜绝浪费,带头使用节能产品、设备,提高能源利用效率。

本法所称公共机构,是指全部或者部分使用财政性资金的国家机关、事业单位和团体组织。

第四十八条 国务院和县级以上地方各级人民政府管理机关事务工作的机构会同同级有关部门制定和组织实施本级公共机构节能规划。公共机构节能规划应当包括公共机构既有建筑节能改造计划。

第四十九条 公共机构应当制定年度节能目标和实施方案,加强能源消费计量和监测管理,向本级人民政府管理机关事务工作的机构报送上年度的能源消费状况报告。

国务院和县级以上地方各级人民政府管理机关事务工作的机构会同同级有关部门按照管理权限,制定本级公共机构的能源消耗定额,财政部门根据该定额制定能源消耗支出标准。

第五十条 公共机构应当加强本单位用能系统管理,保证用能系统的运行符合国家相关标准。

公共机构应当按照规定进行能源审计,并根据能源审计结果采取提高能源利用效率的措施。

第五十一条 公共机构采购用能产品、设备,应当优先采购列入节能产品、设备政府采购名录中的产品、设备。禁止采购国家明令淘汰的用能产品、设备。

节能产品、设备政府采购名录由省级以上人民政府的政府采购监督管理部门会同同级有关部门制定并公布。

第六节 重点用能单位节能

第五十二条 国家加强对重点用能单位的节能管理。

下列用能单位为重点用能单位:

(一)年综合能源消费总量一万吨标准煤以上的用能单位;

(二)国务院有关部门或者省、自治区、直辖市人民政府管理节能工作的部门指定的年综合能源消费总量五千吨以上不满一万吨标准煤的用能单位。

重点用能单位节能管理办法,由国务院管理节能工作的部门会同国务院有关部门制定。

第五十三条 重点用能单位应当每年向管理节能工作的部门报送上年度的能源利用状况报告。能源利用状况包括能源消费情况、能源利用效率、节能目标完成情况和节能效益分析、节能措施等内容。

第五十四条 管理节能工作的部门应当对重点用能单位报送的能源利用状况报告进行审查。对节能管理制度不健全、节能措施不落实、能源利用效率低的重点用能单位,管理节能工作的部门应当开展现场调查,组织实施用能设备能源效率检测,责令实施能源审计,并提出书面整改要求,限期整改。

第五十五条 重点用能单位应当设立能源管理岗位,在具有节能专业知识、实际经验以及中级以上技术职称的人员中聘任能源管理负责人,并报管理节能工作的部门和有关部门备案。

能源管理负责人负责组织对本单位用能状况进行分析、评价,组织编写本单位能源利用状况报告,提出本单位节能工作的改进措施并组织实施。

能源管理负责人应当接受节能培训。

第四章 节能技术进步

第五十六条 国务院管理节能工作的部门会同国务院科技主管部门发布节能技术政策大纲,指导节能技术研究、开发和推广应用。

第五十七条 县级以上各级人民政府应当把节能技术研究开发作为政府科技投入的重点领域,支持科研单位和企业开展节能技术应用研究,制定节能标准,开发节能共性和关键技术,促进节能技术创新与成果转化。

第五十八条 国务院管理节能工作的部门会同国务院有关部门制定并公布节能技术、节能产品的推广目录,引导用能单位和个人使用先进的节能技术、节能产品。

国务院管理节能工作的部门会同国务院有关部门组织实施重大节能科研项目、节能示范项目、重点节能工程。

第五十九条 县级以上各级人民政府应当按照因地制宜、多能互补、综合利用、讲求效益的原则,加强农业和农村节能工作,增加对农业和农村节能技术、节能产品推广应用的资金投入。

农业、科技等有关主管部门应当支持、推广在农业生产、农产品加工储运等方面应用节能技术和节能产品,鼓励更新和淘汰高耗能的农业机械和渔业船舶。

国家鼓励、支持在农村大力发展沼气,推广生物质能、太阳能和风能等可再生能源利用技术,按照科学规划、有序开发的原则发展小型水力发电,推广节能型的农村住宅和炉灶等,鼓励利用非耕地种植能源植物,大力发展薪炭林等能源林。

第五章 激励措施

第六十条 中央财政和省级地方财政安排节能专项资金,支持节能技术研究开发、节能技术和产品的示范与推广、重点节能工程的实施、节能宣传培训、信息服务和表彰奖励等。

第六十一条 国家对生产、使用列入本法第五十八条规定的推广目录的需要支持的节能技术、节能产品,实行税收优惠等扶持政策。

国家通过财政补贴支持节能照明器具等节能产品的推广和使用。

第六十二条 国家实行有利于节约能源资源的税收政策,健全能源矿产资源有偿使用制度,促进能源资源的节约及其开采利用水平的提高。

第六十三条 国家运用税收等政策,鼓励先进节能技术、设备的进口,控制在生产过程中耗能高、污染重的产品的出口。

第六十四条 政府采购监督管理部门会同有关部门制定节能产品、设备政府采购名录,应当优先列入取得节能产品认证证书的产品、设备。

第六十五条 国家引导金融机构增加对节能项目的信贷支持,为符合条件的节能技术研究开发、节能产品生产以及节能技术改造等项目提供优惠贷款。

国家推动和引导社会有关方面加大对节能的资金投入,加快节能技术改造。

第六十六条 国家实行有利于节能的价格政策,引导用能单位和个人节能。

国家运用财税、价格等政策,支持推广电力需求侧管理、合同能源管理、节能自愿协议等节能办法。

国家实行峰谷分时电价、季节性电价、可中断负荷电价制度,鼓励电力用户合理调整用电负荷;对钢铁、有色金属、建材、化工和其他主要耗能行业的企业,分淘汰、限制、允许和鼓励类实行差别电价政策。

第六十七条 各级人民政府对在节能管理、节能科学技术研究和推广应用中有显著成绩以及检举严重浪费能源行为的单位和个人,给予表彰和奖励。

第六章 法律责任

第六十八条 负责审批或者核准固定资产投资项目的机关违反本法规定,对不符合强制性节能标准的项目予以批准或者核准建设的,对直接负责的主管人员和其他直接责任人员依法给予处分。

固定资产投资项目建设单位开工建设不符合强制性节能标准的项目或者将该项目投入生产、使用的,由管理节能工作的部门责令停止建设或者停止生产、使用,限期改造;不能改造或者逾期不改造的生产性项目,由管理节能工作的部门报请本级人民政府按照国务院规定的权限责令关闭。

第六十九条 生产、进口、销售国家明令淘汰的用能产品、设备的,使用伪造的节能产品认证标志或者冒用节能产品认证标志的,依照《中华人民共和国产品质量法》的规定处罚。

第七十条 生产、进口、销售不符合强制性能源效率标准的用能产品、设备的,由产品质量监督部门责令停止生产、进口、销售,没收违法生产、进口、销售的用能产品、设备和违法所得,并处违法所得一倍以上五倍以下罚款;情节严重的,由工商行政管理部门吊销营业执照。

第七十一条 使用国家明令淘汰的用能设备或者生产工艺的,由管理节能工作的部门责令停止使用,没收国家明令淘汰的用能设备;情节严重的,可以由管理节能工作的部门提出意见,报请本级人民政府按照国务院规定的权限责令停业整顿或者关闭。

第七十二条 生产单位超过单位产品能耗限额标准用能,情节严重,经限期治理逾期不治理或者没有达到治理要求的,可以由管理节能工作的部门提出意见,报请本级人民政府按照国务院规定的权限责令停业整顿或者关闭。

第七十三条 违反本法规定,应当标注能源效率标识而未标注的,由产品质量监督部门责令改正,处三万元以上五万元以下罚款。

违反本法规定,未办理能源效率标识备案,或者使用的能源效率标识不符合规定的,由产品质量监督部门责令限期改正;逾期不改正的,处一万元以上三万元以下罚款。

伪造、冒用能源效率标识或者利用能源效率标识进行虚假宣传的,由产品质量监督部门责令改正,处五万元以上十万元以下罚款;情节严重的,由工商行政管理部门吊销营业执照。

第七十四条 用能单位未按照规定配备、使用能源计量器具的,由产品质量监督部门责令限期改正;逾期不改正的,处一万元以上五万元以下罚款。

第七十五条　瞒报、伪造、篡改能源统计资料或者编造虚假能源统计数据的,依照《中华人民共和国统计法》的规定处罚。

第七十六条　从事节能咨询、设计、评估、检测、审计、认证等服务的机构提供虚假信息的,由管理节能工作的部门责令改正,没收违法所得,并处五万元以上十万元以下罚款。

第七十七条　违反本法规定,无偿向本单位职工提供能源或者对能源消费实行包费制的,由管理节能工作的部门责令限期改正;逾期不改正的,处五万元以上二十万元以下罚款。

第七十八条　电网企业未按照本法规定安排符合规定的热电联产和利用余热余压发电的机组与电网并网运行,或者未执行国家有关上网电价规定的,由国家电力监管机构责令改正;造成发电企业经济损失的,依法承担赔偿责任。

第七十九条　建设单位违反建筑节能标准的,由建设主管部门责令改正,处二十万元以上五十万元以下罚款。

设计单位、施工单位、监理单位违反建筑节能标准的,由建设主管部门责令改正,处十万元以上五十万元以下罚款;情节严重的,由颁发资质证书的部门降低资质等级或者吊销资质证书;造成损失的,依法承担赔偿责任。

第八十条　房地产开发企业违反本法规定,在销售房屋时未向购买人明示所售房屋的节能措施、保温工程保修期等信息的,由建设主管部门责令限期改正,逾期不改正的,处三万元以上五万元以下罚款;对以上信息作虚假宣传的,由建设主管部门责令改正,处五万元以上二十万元以下罚款。

第八十一条　公共机构采购用能产品、设备,未优先采购列入节能产品、设备政府采购名录中的产品、设备,或者采购国家明令淘汰的用能产品、设备的,由政府采购监督管理部门给予警告,可以并处罚款;对直接负责的主管人员和其他直接责任人员依法给予处分,并予通报。

第八十二条　重点用能单位未按照本法规定报送能源利用状况报告或者报告内容不实的,由管理节能工作的部门责令限期改正;逾期不改正的,处一万元以上五万元以下罚款。

第八十三条　重点用能单位无正当理由拒不落实本法第五十四条规定

的整改要求或者整改没有达到要求的,由管理节能工作的部门处十万元以上三十万元以下罚款。

第八十四条 重点用能单位未按照本法规定设立能源管理岗位,聘任能源管理负责人,并报管理节能工作的部门和有关部门备案的,由管理节能工作的部门责令改正;拒不改正的,处一万元以上三万元以下罚款。

第八十五条 违反本法规定,构成犯罪的,依法追究刑事责任。

第八十六条 国家工作人员在节能管理工作中滥用职权、玩忽职守、徇私舞弊,构成犯罪的,依法追究刑事责任;尚不构成犯罪的,依法给予处分。

第七章 附 则

第八十七条 本法自 2008 年 4 月 1 日起施行。